JN140926

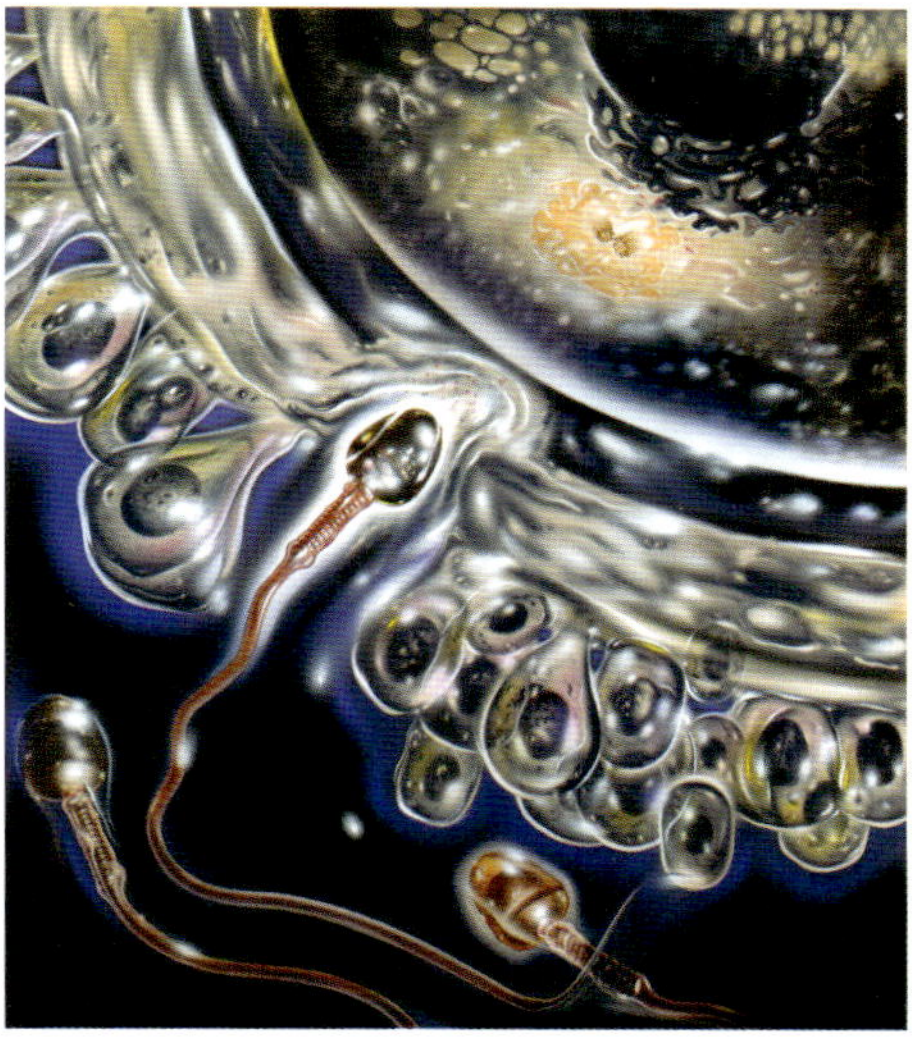

口絵１　精子が卵膜を破る瞬間（本文 p.82）

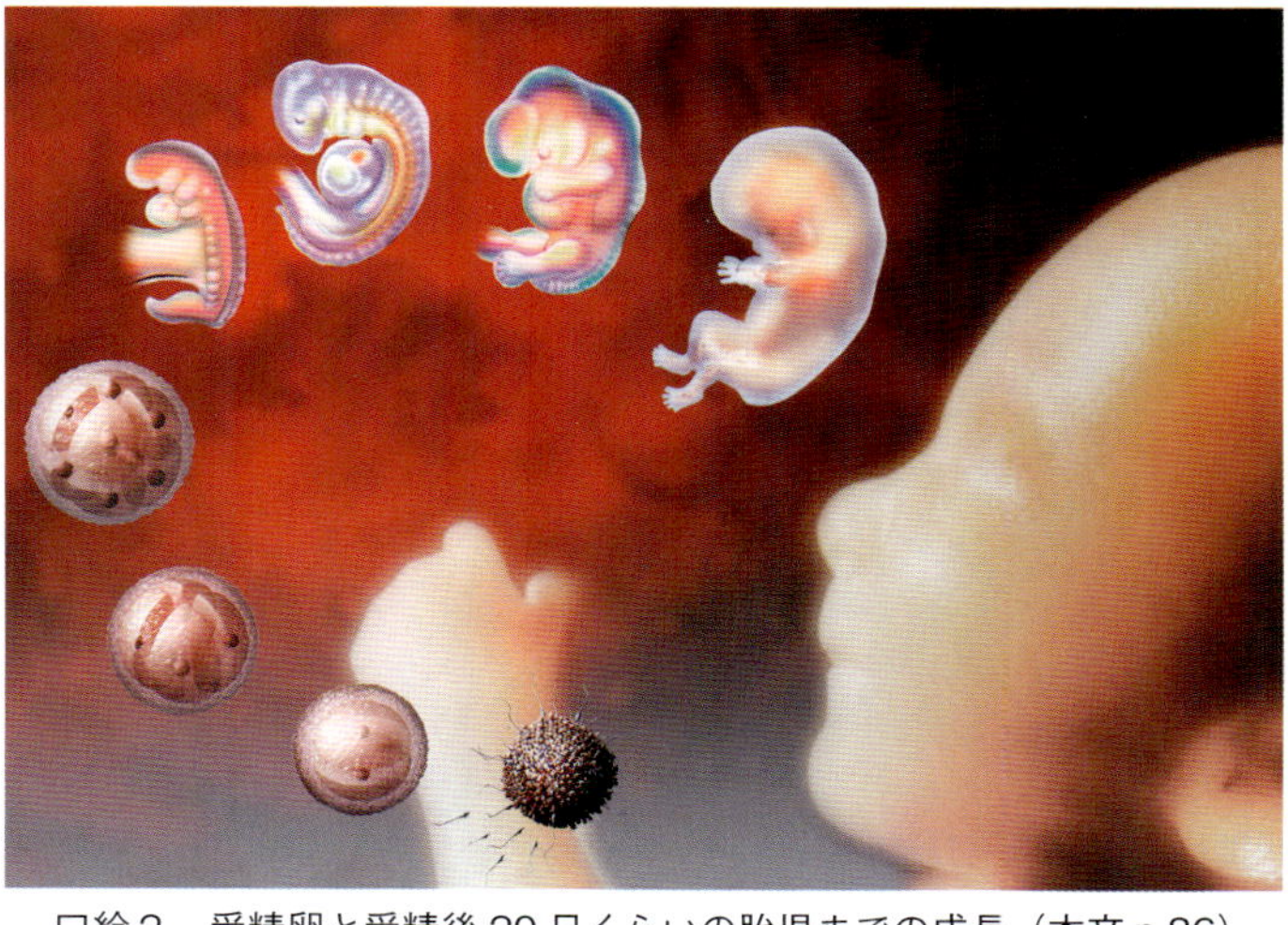

口絵２　受精卵と受精後 20 日くらいの胎児までの成長（本文 p.86）

画像：Science Photo Library/ アフロ

秋山道彦

自己理解と
人生選択のために

生命の発達学

新曜社

はじめに

本書では、大学へ行く前の若い読者にむけて、人間の成長と発達のすがたをできるかぎりやさしく解説する。私は長年アメリカの大学で発達心理学を教え、専門的な発達の本（『発達科学入門』東京大学出版会）に執筆している退官教授だが、学術用語を使わずに、発達学の成果のエッセンスを伝え、願わくば何人かであっても読者を発達学へといざなうことができればと考えている。発達学とは、一般には生きものの変化をあつかう学問であって、人間についていえば、従来の子どもの心理学、発達心理学、老年学をふくむだけでなく、それをこえて、生涯の変化を、種の変化を説明する進化学の原則にのっとって理解しようとする新しい学である。さらに本書は、人間の変化を生命としての側面と文化歴史的な側面の両方から理解することを目的としている。その精神の表現としては「生命の発達学」が適切である。

これから述べていくのは人間の発達学であるから、われわれにとってもっとも不可思議な時期が強調される。「物心がついたころ」という表現はふつう小学校入学の前後をさし、それ以前のできごとは、覚えていたとしても記憶はおぼろげである。受精卵のころから「物心がついたころ」までの発達のありようは、誰にとっても興味をそそる。そしてこの期間の発達は、最近になってようやくそのすがたが明らかになってきた。そうした知識を若い読者に伝え、自己理解と自分さがしの手助けをし、さらには将来の進路選択にも役立つように、ひとりひとりの子どもが成長し発達するすがたを語る。

60年ほど前のこと、私が小学校4年生になったとき、担任の岩本富貴栄先生に出会った。その後の3年間の授業では、その脱線した部分が私の記憶にはっきりと残っている。現在のトヨタグループの創始者、豊田佐吉の伝記の授業があった。佐吉は母親が織り仕事をするそばにいて、それを年がら年中じっと観察する「変な男の子」であったが、のちに自動織機の発明につながった。幼児の行動は世間からみると変わっていたが、少々変わっていても気にすることはない、と先生が話されたことを記憶している。世界地図の授業では、ウェゲナーの大陸漂移説がでてきて、この説は嘲笑の的であるけれども、新しい考え方はいつも嘲笑の的となる、との先生のコメントがあった。そのコメントからおよそ10年で、地殻プレートの移動が確認され、いまや大陸漂移の事実はすべてのひとが受け入れるところとなった。理科の実験授業では、水の電気分解で水素と酸素をつくりそれに火をかざし、水素は爆発的なエネルギーを発生すること、これを利用すればエネルギー問題の解決になることを学んだ。日本史の遣唐使の授業では、そのころの留学生は死を覚悟して中国に渡った、渡ったひとの半分が病気や遭難で死んでしまうのだ、知識の獲得のためには死をいとわない、との先生の声が聞こえてくる。最後に哲学とはなにかの授業があって、目の前に花瓶が見えたとする、本当にそこに花瓶があるのだろうか、錯覚かもしれないし、夢かもしれない、認識の根幹を問うのが、哲学であると教えられた。

こういった授業は、今の小学6年生にもすぐに理解されるだろう。大陸漂移は東日本大震災でまさに実感するところとなった。ましてや子どもの成長と発達は、すべて自分の体と心の変化にかんするものなので、どんな発達学の知識でも実感できるはずである。小学6年生よりもずっと幼い5歳の子どもであっても、興味のあることならおとな顔負けの知識をもっている。たとえば怪獣の知識が親よりも深い幼稚園児は多い。怪獣の知識ではなく、人間の発達の知識ではどうだろうか。5歳くらいの子どもの語る物語には発達の深遠な知識にふれるものがある。12歳の子どもは、体と心にかんする科学的知識に接するとき、それが自分にあてはまるかどうかを考えるであろう。知識が自分の理解に役立つならば、そしてそれが自分の将来を切り開くのに役立つならば、その知識を自分のものにするであろう。本書では数限りなくある研究の成果のうち、若いひとたちが興味を示し、その成果を知ることにより、自分さがしや将来設計に役立つであろう発達学の成果を選択し、それらを小学校高学年なら理解できる、その程度のやさしさで、紹介したい。

本書の主な読者を若いひとたちと想定しているので、成人までの子どもたちの成長と発達を主にあつかうが、老化と死の発達学についても簡潔に描く。成長と発達は死を前提としている。自分自身の命には限りがあるけれども、自分の祖先をたどってみると、地球上に命が生まれたときにたどり着く。それは38億年前のこととされている。どうして自分が生きているかといえば、無限に近い数の祖先が命をつなげてきた結果である。その営みを今度は自分がする。自分は成長発達して先祖の死を乗り越えていく。学校の勉強も友だちづくりも、成長発達の糧となる。自分の体のなかには、この成長と発達がどんどん進行する力と同時に、死へむかう力もある。若いときには成長が優勢で、年をとると死へむかう力が優勢になって故障がでてくる。高校生とその祖父母を見れば、誰でも生と死のむかいあわせを納得する。また日常会話で、たとえば「死んでしまったひとのために自分は今この仕事をしている」という話はめずらしくない。死病の宣告を受けた若いひとが「死ぬまでにこれだけの本は読んでおきたい」と思うのもよく聞く話である。このように、成長と発達は他人の死や自分の死と深いかかわりをもっている。

最後の章では、この本でなにを学んだのか、学んだことは互いにどんなふうに関係づけられるのか、学んだことはどれだけ日常生活で役に立つのかなどを論じる。発達心理学の領域をこえて、発達学と進化学まで議論をひろげ、発達学の重要なテーマについて論じる。具体的には、自分で自分を理解するのは可能かどうか、なにをもって自分を理解したといえるのか、自分にはどんな変化がおこっているのか、赤ちゃんはどれだけ自分のことを理解できるのか、職業選択のさいに自分の理解が必要かどうか、どうやって職業選択をするのか、好きなひとができるとはどういうことなのか、どんなふうにして好きなひとを決めるのか、愛着の発達は人類愛の発達に結びつくのか、を論じる。そうした議論は、若い読者の将来の進路選択時に役立つはずである。将来学者や研究者になろうとするひとばかりでなく、胎児の成長をみまもる産科医、子どもの発達をみまもる小児科医、助産師、保育士、小中高の教師、看護師、母親父親になろうとするひとたちに役立つことを期待している。

最初に書いたように、本書の著者はアメリカの大学の退官教授である。発達心理学という分野で長年大学生、大学院生を教えてきた。20代の後半にイリノイ大学に大学院生として留学した秋学期の最初の授業で、指導教官のマックヴィッカー・ハント教授は、進化理論の要約をブリタニカ百科事典で読んできなさい、と言われた。その後は胎生学の歴史にはいり、ピアジェの『知能の誕生』へと授業が進んでいった。これは日本でそれまで受けた授業からみると革命的であった。それ以来、文化の違いからくる数々の適応障害を乗り越えて卒業し、以後オクラホマ大学とミシガン大学で発達心理学を教え、65歳で退官した。授業歴は30年以上になる。学生は18歳から70歳までの年齢幅があり、女子生徒が男子生徒の2倍くらいの比率で、この30年間ほとんど変化がなかった。乳児心理学だけは女子生徒が5倍くらいであった。これから紹介する研究の成果の8割方は、授業で学生に話したものである。残りは退官後にミシガン大学で進化医学、女性学、生物心理学、発達生物学、歴史学などの授業に出て学んだ成果である。日本語での最近の著作のテーマは、巻末にあるように、理論発達心理学、進化学、知恵の発達、性差の発達などである。全体としての本の内容は、アメリカの大学で教えたものからみると標準でありながら、その枠組みは進化学である。ひとことで言うならば、自分の人生の道を常に選択しながら、自分をつくっていく過程の記述である。

本書では、発達についての仮説を歴史的に展望したあとは、受精卵からはじまり赤ちゃんの話へと移り、われわれの記憶にないころの発達の話をする。次に、主として若いころの知性と愛情の発達を話し、そのあとはおとなの発達と老化の話となる。おとなの発達では、職業生活と好きなひとを選ぶときの話となる。老化の話では、老化の原理と好きなひとを失ったあとにおこる悲しみと嘆きの話をして、最後に死にゆくときの話でしめくくる。

日本の読者には異質に感じられる箇所があるとすれば、それは私のアメリカでの生活経験の長さによる。ひとは文化歴史的存在であり、当然その国の文化歴史的状況に適応しなければならない。40余年の適応の結果、私の知識のありようは読者のそれとは多少異なるところがあるだろう。異文化に住むひとたちが異質な情報に接することによって、さらなる発達がうながされる、というのも、この本のメッセージである。もし読者から異質な問いが発せられるのであれば、その受け手はそれに刺激されて、さらなる発達をするであろう。そうした相互刺激の活動をとおして、私はお互いの心の発達に寄与したい。

第2章　現在の発達学の主要な仮説　37

装幀◎臼井新太郎
装画◎市村　譲

第1章　成長と発達についての知識はどのように変化してきたか

成長と発達は不可思議な現象であるので、古来ひとびとの興味をひきつけてきた。この章では、神話の時代から19世紀末まで、発達学にまつわるさまざまな知識を眺めてみる。神話の時代のあとでは自然哲学者の集団ミレトス学派と哲学一般を創始したアテネ学派の考え方が基本となるので、それを紹介する。ミレトスの隣りのエフェソスの住人ヘラクレイトスも発達学の強化に貢献した。ギリシャ時代以降は、ルネッサンスまで見るものがない。それ以降は主として博物学者（生物学者）たちが、試行錯誤を重ねながらさまざまな仮説を提案してきた。人類の遺産としての知識をかえりみることにより、現代の発達学の歴史的な理解を深める。こうして理解を深めながら、第2章では現代の科学的知識を紹介し、21世紀の発達学のすがたを考える。そのすがたは、歴史上あらわれ生き残ったいくつもの仮説を必要不可欠な要素としている。

1 科学的知識とはなんだろうか

科学的方法を使って自然と人間の現象を観察した結果得られる科学的証拠をまとめたものが科学的知識であると、一応決めておこう。科学的方法とは観察や実験にもとづく研究方法で、そのやりかたが、その分野の学者なら誰でも再現できるようなかたちで記述されたものである。ある現象を調べるためには、まずはその現象についての仮の説明が必要で、それを仮説という。仮説が確かなものかどうかを科学的方法により調べ、その結果得られる証拠をまとめたものが科学的知識である。個々の証拠をまとめるには、体系づけが必要である。体系づけとは、もとの現象ばかりでなく、それに関連する現象についても首尾一貫した説明をするということである。説明の体系が理論と呼ばれる。

仮説を検証するときに、もし仮説が正しかったら、これこれの科学的証拠が得られるという論理を使う。しかし、その証拠が得られたとしても、仮説が正しいとはいえない。逆は必ずしも真ならずである。仮説が正しいかもしれないという確信が、多少高まるだけである。いっぽう仮説に反する科学的証拠は、仮説が間違っていることを示すわけだから、科学的知識を大いに高めることになる。日常的な科学者の仕事では、仮説を支持する証拠を得るための研究活動が多い。しかし革命的な科学的発見は、しばしば確固たる仮説に反する科学的証拠の提示ではじまる。たとえばガリレオは、望遠鏡による天体の観測の証拠を示して、当時不動とされていた天動説をしりぞけた。またダーウィンは、化石の証拠やさまざまな種に共通する骨格の類似性などの証拠を示して、当時不動とされていた種不変説をしりぞけた。

科学的方法を使わなくとも得られる知識は、ふつう科学的知識とはいわない。古代人が科学的方法なしに知っていた事象は多数ある。昼夜の存在、太陽や食料が生命維持に必要なこと、植物の種をまくと新しい種ができること、セックスをすると子どもができること、子どもは生後1年で歩行可能になること、生後2年で単語をつなぎはじめること、生命のあるものは死ぬことなどである。誰もが知っていることを仮説にして、それを検証することはしない。たとえ検証したとしても、知識が変化するわけではない。誰も知らないことを仮説にして検証するのは、天才科学者たちの仕事である。その検証では、人類の知識が大いに変化することになる。新しい知識は、科学的方法なしで得られた古い知識を新たな視点から整理することになる。

一般に、科学的方法を使った研究を実証研究と呼ぶ。実証研究の結果は、再現可能な知識、つまり別のひとも同じ手続きにしたがえば同じ結果が得られるとされている。だが、実証研究の結果だけで人間の発達がすべてわかるかというと、答えは否である。人間の心をあつかうときには、代表的な科学的方法である実証研究法のほかに、臨床法と呼ばれる方法論もちいられる。並はずれた洞察力をもった天才があるひとりの行動を観察して得られた証拠は、その時点では再現可能性がきわめて低いにもかかわらず、潜在的な科学的知識といえる。潜在的知識は、ほかの研究者の多数派によって共有されてはじめて、権威ある知識となる。学界で共有された知識である。アルツハイマー博士はひとりの患者をみて、1906年に症例として発表した。この発表を聞いた専門家たちは無反応であったと報告されている。

アルツハイマー病の最初の発見である。この時点では、実証研究ではなく臨床症例研究である。事例が1であるからという理由で、論文を読まなかった研究者が多かったであろうと想像できる。その後多くの医者または研究者が同じような症例をつみあげることで、この病気の知識が確実なものとなる。今ではこの病気は科学的につまり実証的にも解明され、もとの論文の価値はいささかも変化していないといわれる。専門家の無反応にもかかわらず、クレペリンによる教科書への記載で発見と同時に病気の認知がはじまった。

同じことが、心理学の臨床研究でもおこる。臨床でおこることは、再現可能性がきわめて低い。観察対象(研究参加者)が1人のことがふつうである。臨床は密室の世界でもある。密室のなかでのできごとをどんなに客観的に報告したとしても、第三者の観察のない臨床研究は、科学的でないというひとが多い。しかし最初の症例は再現可能性がきわめて低くとも、1000人の臨床家が1000人の別々の患者から似たような症例をつみあげると、これは臨床家のあいだでは確実な知識となる。この知識の体系は、臨床分野のなかで共有されるのがふつうである。今日では学問分野の細分化が進んでいるので、ひとりの研究者が多分野の知識をまとめあげることはきわめて困難である。特に臨床研究と実証研究の2分野の意思疎通がまれとなっている。そのため、実証研究のみが科学的であると主張する研究者は、あまり科学的ではないと信じる臨床分野の研究結果を論じない。権威ある知識であっても、細分化されたひとつの分野のなかでだけ通用する知識にとどまることが多い。本書では実証研究の結果ばかりでなく、臨床研究の結果をもとりあげる。

科学的知識と科学的方法とはなにかをおおまかに定義をしたとはいっても、その立場から過去の発達のアイデアを判断したり評価したりするのではなく、過去の仮説が生まれた地理的背景や時代精神を重視して、アイデアの発展史をみていく。いかにすぐれた研究者であっても、今現在の価値基準で過去のアイデアを判断するという勇み足の失敗をしがちだ。そういう失敗を極力さける努力をしながら、発達についてのアイデア、つまり発達仮説の歴史的展開を記述していこう。

2　発達とはなんだろうか

この章では、発達学の基礎ができあがる19世紀末までに人類の到達した仮説を検討する。「発達とはなにか」、これは永遠の問いであって、おそらく人類の誕生とともに問いかけがはじまったと想像できる。記録の残る数千年前にさかのぼって文献をみると、現代の科学者の興味をそそる知識を散見できる。発達に関する人類の考え方がいかに変化したか、変化しないのはなにかをみていく。

発達学とは変化の学であり、それは個体の変化ばかりでなく種の変化をもふくむはずである。種の変化の解明はいうまでもなく、進化学の中心課題である。本書は進化学の知識をとりいれた発達学の本であるから、種の変化に関する人類の知識も紹介する。ひとりひとりの個体の変化と人類という種の変化には、共通の原理で説明できる部分がある。たとえば未分化の状態から分化した状態への変化は双方に共通である。環境に適した個体が生き残るとする進化学の原理は、ある個人の能力が環境に適しているかぎり使われ、生き残るとする発達学の原理と共通している。さらに発達についての仮説も同様に、生き残ったものが議論の対象となる。個体の成長と発達が本書の主題であるにもかかわらず、その背後にある種の変化の理論を紹介し、主題の理解を深めていく。ただしまだ進化学を発達学の一部としてとりあつかう段階ではないので、主題は常に、個体の変化の理解である。歴史上重要な仕事をした人物の生涯の変化もわれわれの主題の理解に役立つ限り話題とした。

科学的知識の歴史的な展開を話題とするときに、ふつう神話の話はしない伝統がある。しかしここではあえて、神話の話をする。理由は2つある。ひとつは発達学の核心をつく考え方がそこにあるからであり、そうした考え方の一部は「仮説」として、今なお検証過程にある。神話をつくった先人たちは、おそらくその時代の並はずれた天才であったはずである。彼らは何世代にもわたって、その当時のひとびとの生活にとって不可欠なアイデアをさがしていたにちがいない。神話は、ひとびとがその地域で生きのびるための大切な教訓をふくんでいる。神話が古代人の生存にとって大切であるのと同じくらい大切なものに、食料がある。現代人が食物として摂取しているコメ、ムギ、アワなどの品種改良を考えてみよう。それはおよそ1万年前の古代人からはじまった。科学的知識が体系化される何千年も前に、古代人は遺伝の核心を理解し、品種改良をしていた。古代人は何千年もかけて、21世紀のもっとも優秀な科学者でも容易にできないことを成し遂げた。神話と品種改良の2つの例をみると、古代からの知識は現代人に受け継がれている。

2つ目の理由は、神話が大いなる問題提起をしているからである。もっとも有名な神話は旧約聖書にある神の宇宙創造の神話で、これを聞いた5歳の子どもは目を輝かせて感動するのもつかのま、「それじゃ、神様は誰がつくったの？」「神様が宇宙をつくる前にはなにがあったの？」と聞いてくる。これは重大な問題提起であり、何千年にもわたって学者や研究者が答えようとした問いである。またアダムとイブの禁断の木の実と羞恥心の神話は、意識、特に他人からみた自分の意識の成立過程にかかわるもので、20世紀になってはじめて、意識は生後およそ18ヶ月で成立すると実証研究で確認された。太古の昔にひとびとが考えていたアイデアは、現代の研究者の問題意識に直結している。であるから、神話をふくめて人類がなにを考えていたかを、まずみてみよう。

3　発達の仮説は神話のなかにもあるのだろうか

科学的思考の発達に貢献したミレトス学派の活躍以前にも、発達学らしきものがあったのだろうか。ミレトス学派をさかのぼることおよそ数千年前に、ギリシャ神話や旧約聖書が書かれたとされている。これらの神話は、洞察力のある人間によって書かれたと想像できる。つまり著者がいたわけで、そのひとたちの観察力は並はずれていた。その時代の最高の思考力を有していた。彼らは品種改良をしていた古代人に比肩するような、自然と人間の現象のすばらしい説明をしていた。にもかかわらず、それは科学的方法を使っていないので、科学的知識とはいえない。ただし、その記述のなかには、21世紀の科学的方法で検証可能な仮説も存在する。

潜在的科学的知識の例として、「アダム（男）のあばら骨からイブ（女）が生まれた」とする仮説がある。今の科学的方法を使えば、あばら骨からはクローンのアダム、すなわち男が生まれるわけで、この仮説が間違っていることがわかる。つまり仮説の棄却ができる。とはいえ、男女の共有する遺伝子の数が約2万2000、共有しない遺伝子の数が約20という近代遺伝学の証拠がある。21世紀になってはじめて明らかになった遺伝子の数の研究成果からみると、棄却されたとはいえ、驚くべき洞察をふくんだ仮説である。同じく旧約聖書のノアの箱舟の記述にある「種が不変である」とする仮説も、今の科学的方法で、化石とＤＮＡの証拠にもとづいて棄却できる。

これらの仮説は最終的に棄却されたが、近代科学の方法と緻密な議論をもってしても容易に棄却できないほどの仮説には、それなりの権威があるといえる。古い仮説は反面教師として、新しい仮説の構築を補助する役割があるといってよい。動植物の誕生と成長をひとの1世代2世代をかけて観察するかぎり、「種は不変」とする古い仮説は支持される。そのためもあって、人口の多数派が古い仮説を支持している国は多い。ノアの箱舟の天災の前にあらわれる天地創造説で「水生動物、飛ぶ動物、地上動物の順にあらわれた」とする、異なる種類の動物が地球上にあらわれる順序に関する仮説は、現在でもおおむね支持されている。イソップの童話を読むと、カラスが水差しの底にある水を飲むために石をいれて、水位を上げたという話がある。「カラスは道具を使うことができる」という仮説である。21世紀の科学的方法による研究は、実際カラスのこの能力に関する仮説を支持している。何千年かの空白をへて、古代人の素朴な知識が科学的検証のもと、21世紀の科学的知識となった好例である。古代人が考え出した仮説で今日まで検討されているものは、潜在的に科学的である。

4　ギリシャの自然哲学者は発達をどうみていたか

ミレトス学派はなにを考えていたか

現代の科学の状況からみて、近代科学の方法論のさきがけとなるのは、2600年ほど前のギリシャ自然哲学者たちの仕事である。当時の交易の要所であったミレトスで活躍した、ミレトス学派である。ミレトスは現在のトルコの南西部の海岸にある。最初のギリシャ自然哲学者とされるタレス（紀元前6世紀前半）は、「世界を構成するもとのものは水である」という仮説を提出し、すべてのものにはもととなる単純な要素があるとした。この思想と一致するかたちで、ミレトス学派は変化する自然現象の説明を試みた。超自然的な概念（たとえば神の概念）に訴えずに、自然現象を事実だけにもとづいて説明しようとしたのである。タレスの弟子、アナクサマンドロス（紀元前6世紀なかば）は、「今ある物それが生物であれ宇宙であれ、みな変化の結果である」という仮説を提唱し、アルケーという変化をうながす力を想定した。発達学の原点ともいえる。「宇宙は変化の結果である」とする仮説は、20世紀初頭までは物理学者によっても受け入れられず、その後になって支持された。さらにアナクサマンドロスは、「複雑な生命体は単純な生命体から由来する」という仮説を提出している。魚を生命の最初の形とし、人間はそこから変化したという。ダーウィンの祖父エラスムス・ダーウィンとともに「種は変化する」という仮説を提出したラマルクに先立つこと、２２００年である。

ミレトスからそう遠くないエフェソスに生まれ、そこで一生を過ごしたヘラクレイトス（紀元前6世紀後半）は内観（自己分析）を強調した点で、20世紀の心理学の祖ともいえる。内観の結果、物と心の変化の根底には相反する運動の相克と統一があるとした。「万物は流転しなにものも留まることなし」という有名な主張の根底には、運動と停止の相克の仮定があった。眼に見える変化の奥にある統一性を理解するのが世界を理解することだとし、この統一性の理解をことばにしたものをロゴスと名づけた。この理解はふつうのひとには到達できない知恵であると主張した。ロゴスは「学」でもあり、～ロジーと語尾につく科学分野は多数ある。サイコロジー（心理学）とバイオロジー（生物学）はその例である。

ミレトスに近いサモス島に生まれたピタゴラス（紀元前５６９頃－４７０頃）は、なにが不変であるかを考え続けた。宇宙の秩序は不変で、われわれひとりひとりはその宇宙の微小体であると考えた。この原則を発達にあてはめて、不変なものはわれわれの体の形であり、そのもとである「父親の体液が母親の栄養を摂取して胎児ができる」という仮説をみちびいた。体液のなかに存在する形が体長、体重の増加とともにおとなの形になるという仮説である。あとでみるように、はじめから小さな人間が形成されていて、それが大きくなりおとなになるという、17世紀の前成説の萌芽があらわれている。ピタゴラスは前成説の最初の提案者であるばかりでなく、数学モデルの最初の提案者でもある。ピタゴラスの定理はエジプトで知られていた直角三角形に関するさまざまな事実を１つの数学的モデル（$A^2+B^2=C^2$）として表現することに成功した（ピタゴラス以前にも、エジプトではこの原理にもとづいてピラミッドが建設されていたけれども、個々の無数の直角三角形での理解にとどまり、数学的一般化には至らなかった)。さまざまなかたちであらわれる直角三角形に共通する不変な関係が存在するという抽象的モデルである。ルネッサンス以降21世紀まで頻繁に試みられる数学的モデルの起源がここにある。

哲学史で最初にでてくるプラトンやアリストテレスの前にも、自然哲学者たちが、今の科学者と同じ態度で、つまり超自然的概念を使わずに自然と人間の現象を説明しようとしていた。このころすでに、近代科学の基礎となる前成説、進化学、弁証法、原子論などの萌芽をみることができる。その意味で、ミレトス、サモス島、エフェソスの近隣3か所の、自然をあるがままにとらえようとする自然哲学者の貢献は注目される。ミレトス学派の活躍から約2000年以上もの空白をへて、ようやく科学的方法が確立されたというのは不思議である。科学的思考方法もまた歴史的な背景によって変化し、科学者をとりまく環境によって強化、または弱体化されるのであろう。

アテネの哲学者たちの発達仮説とはなにか

プラトン(紀元前427-348)は、いうまでもなく観念論の始祖である。ヘラクレイトスとピタゴラスの思想を発展させた観念論とは、現実世界は観念世界の影であるとする哲学である。現実世界を見るとさまざまな現象があるけれども、それらの根底には変化しない観念があるにちがいないとする。すなわち正義、善、美をはじめとする観念で構成される世界であって、観念つまりイデアの知識は現実世界の経験によらないとした。たとえば直線は2点の最短距離と定義されるが、点も線も面積をもたないから、見ることもできないし、ましてや触れることもできない。現実世界では直線に似たもの、水平線とか敷居など、さまざまであるが、しかしイデアとしての直線は存在しない。同様に現実世界にはさまざまな美しいものが存在する。しかしこれこそが究極の美であるといえるものはないし、それを見ることは不可能である。それは観念の世界に存在するのである。経験によって知ることのできない観念は、もともと存在していると考えた。もともとというのは生まれる以前であって、「知識はイデアの観念世界に存在する」という仮説がここにあらわれる。

また、プラトンの『饗宴』を読むと、男女両性の成立はもともと同一個体の分離に起源をもつという。それゆえに、「両性は異性をもとめて活動する」とする仮説も提示されている。この仮説は、人間の性別の起源に関するものである。21世紀の科学的知識によると、単細胞を除くほとんどすべての生命体が異性の生命体をもとめて活動することを確認している。同じ『饗宴』に、死すべき運命にあるひとは不死を実現するために、世界でもっとも美しいもの、つまり子どもをつくる活動をする、それゆえその活動はエロスの活動のなかでももっとも美しいものとなると書かれている。「生と性の運動が死への運動に対抗する」という仮説がすでにでている。エロスの活動の一環として「同性愛者は近親の子育てに協力し、人類の繁栄に貢献する」という仮説もでてくる。21世紀の先端をいく研究者が検証しようとしている仮説である。

プラトンの弟子アリストテレス（紀元前384－322）は、師の観念論に対立する経験論の始祖といわれている。経験論とは、経験が知識のみなもとであるとする哲学である。観念の世界に背をむけて、現実世界のさまざまな現象のありさまを記述することをめざした。アリストテレスは論理学・物理学・

生物学で多大の著作を残している。特に生物学では、ピタゴラスの前成説に対立する後成説（エピジェネシス）を提唱し、生物の発達ははじめからその形が決まっているのではなく、さまざまな分化の過程をへて変化すること、その変化の過程では外界の影響を受けることなどを主張した。のちにみるように、この前成説と後成説の対立は、すがたかたちを変えて21世紀の現代まで続いている。

アリストテレスは「種は変化する」という仮説には至らなかったけれども、種の階層構造を提案し、鯨を人間と同じくらい高い位置においた。もちろん、単細胞生物は最下位においた。動植物の分類学が成立する18世紀の知識からみても、看過できない観察力がある。このように、２０００年以上も前の哲学者たちの観察のなかには、科学的方法を使わなかったにもかかわらず、21世紀の科学的方法によって裏づけられるものがある。

プラトンの観念論とアリストテレスの経験論はもっとも基本的な思想であって、19世紀あたりまではすべての哲学者はプラトン派かアリストテレス派のどちらかである、といわれたほどである。日常生活の会話でよく使われる表現「栴檀《せんだん》は双葉より芳《かんば》し」とか「氏より育ち」などは、それぞれの派の考え方のごく一部を代表するものである。21世紀になっても同じように、「発達は遺伝子で決められている」という説と「発達は社会的学習経験によって決められている」という説が根強く残っている。本書は、この二分法の落とし穴をさけた20世紀に成熟した構成論の立場をとっている。後述のように、構成論は哲学者によってはじめて提唱されたのではなく、進化学の論理のなかにはじめてあらわれた。観念論は哲学者カントによって生得論（観念はイデアの世界にわれわれとは独立に存在するのではなく、生まれたときにわれわれのなかにすでにあったとする仮説）に変容し、ネオカント派により、生得論が構成論（観念はわれわれの心のなかで構成される）に発展したとされる。

5　自然科学者からの影響とはなにか

科学的方法はだれが考えたか

ギリシャの時代から２０００年ほどたってから、科学的方法を使って新しい分野を切り開いた学者たちがあらわれる。ガリレオ・ガリレイ（１５６４－１６４２）、ニコラウス・コペルニクス（１４７３－１５４３）、ヨハネス・ケプラー（１５７１－１６３０）などである。彼らはみな人間中心の宇宙観をくつがえし、人間の住む地球中心ではなく、「太陽を中心に惑星運動がある」との地動説の仮説を提出した。これらの仮説は望遠鏡による観察によって裏づけられているものの、その仮説を提出した学者たちがミレトス学派と同じように超自然的概念を排して説明の体系をつくったわけではない。上にあげた学者はみな深い信仰心をもち、神の創造した世界の謎を解くという態度をもっていた。「太陽系をもし神が創造したとしたら、惑星の運動は円軌道でなければならない、中心が２つもある楕円軌道ではありえない」という議論に、ケプラーはティコ・ブラーエ（１５４６－１６０１）の観測データをもちいて「楕円軌道」仮説を提出した。観察能力を欠いたケプラーと観察のデータをもっていたティコの確執は、科学史でよく語られるエピソードである。現実世界ではおそらく円軌道にそって運動する物体はないはずである。地球のまわりをまわる月も、楕円軌道にそって運動している。

現在では広く認められているコペルニクスの地動説は、1世紀くらいかけて、学界のみならず社会一般でも受け入れられた。ただし日常言語の用法をみると受け入れられていない。「日の出」「日の入り」のことばにあらわれているように、現代人であっても科学的な地動説ではなく天動説の流れにそって現象の記述をしている。「言語表現には保守性がつきまとう」という仮説の証左になっている。言語の成立は素朴な科学的知識が散見できる時期からさかのぼること数万年前であるから、その保守性は受け入れざるをえない。

近代科学の基礎をつくった天文学者や物理学者は人間中心の宇宙観をくつがえした点で偉業をなしたものの、近代科学の方法論が名実共に形成されるのは、おそらくダーウィンの自然選択説（1859年）までまたねばならなかった、と筆者は考える。人間中心の生命観をくつがえした彼は、その科学的証拠にもとづき信仰をすてたとされる。『種の起源』には、超自然的存在の記述はない。

ホモンクルスは存在したか

科学的方法を使ったからといって、あとからみると誤った理論が発展することもある。ちょうど望遠鏡が発明されたころ、同じ原理で顕微鏡も発明された。それまでは見たくても見ることのできなかった微細なものに、精子や卵子があった。自作の顕微鏡で人類史上はじめて細菌の存在を確認した業績があ

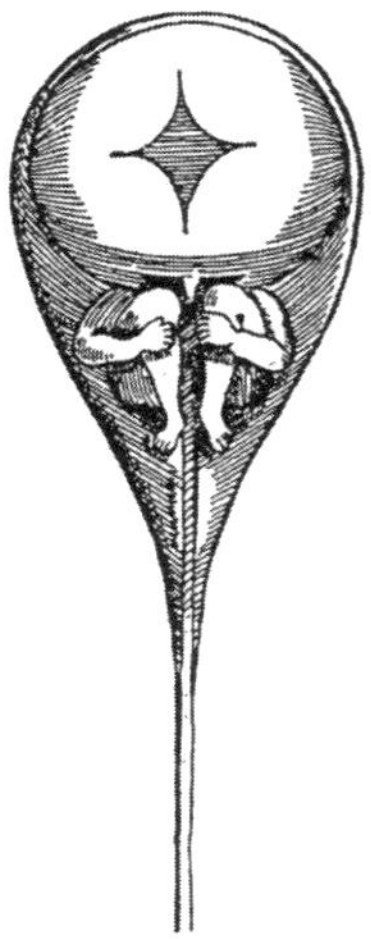

ハルトゼーカーによる精子の図

るアントニ・レーウェンフック（1632－1723）は、精子の存在を確認した。ところが、男子が生きた生命体を体内に宿すことはありえないという反応があった。レーウェンフック自身が作成した単一レンズ高精度顕微鏡の世界であるから、ほかの科学者の低精度顕微鏡ではとうてい観察できない研究結果であって、学界が認めないのも自然であった。1677年のことである。動く微生物はアニマルキュール、すなわち極小動物と名づけられた。その後十数年して、ニコラス・ハルトゼーカー（1656－1725）は精子のなかに微細な人間が小さな頭と手足をもって縮こまっている様子を描いて発表し、はじめから小さな人間が形成されていて、それぞれの器官が大きくなることでおとなになるという、「科学的」前成説を提唱した。この微小体の個体を「ホモンクルス」と名づけた。さらに30種類の動物の精子を観察し、そのなかに小さな30種類の「アニマルキュール」がいることも「発見」した。この「発見」は、ピタゴラスの仮説に完全に一致するものである。

　こうして「個体の発達とは、前から生成された微小体が大きくなることである」とする前成説が学界の多数派の理論として定着した。その後、精子ではなく卵子のなかに小さな個体が存在するという仮説があらわれ、理論的矛盾から前成説がしりぞけられ、漸進的に後から後へと徐々に個体が形成されるという「後成説」が多数派の理論となる。しかし論争の決着には胎生学の発展をまたねばならず、論争は19世紀末まで続いた。200年間である（後成というのは英語でエピジェネシスをいい、もともとは地層が時と共に上へ上へと堆積し地層をなす現象をさす。発達も同じように、分化を通じて後から後へと新しい組織が形成されるとするのが発達の後成説である)。

これほどまでに長い歴史的論争が続くというのは、最初の観察と仮説がいかに間違ったものであろうとも、仮説そのものは一般のひとたちや素朴な知識をもった子どもたちには容易に理解される、道理にかなった仮説であったからだといえよう。「微小体」のかわりに「遺伝子」を仮定すると、今でも前成説を支持する学者は多い。ピタゴラスの体液由来の発達仮説と完全に一致する「観察」の証拠は、すてたものではない。最新の科学的方法を駆使して、ハルトゼーカーほどの一流の科学者が存在しないものを「観察」し、しかも当時の一流科学雑誌に発表できたのは、やはりこの仮説の大いなる魅力のためであろう。データの捏造は科学者がしてはならない行為のひとつであるにもかかわらず、科学者自身の信念や情熱のために、しばしば生起する現象でもある。

6　啓蒙時代の思想家たち

ヤン・アモス・コメニウスの独創性はどこにあるか

啓蒙時代を半世紀ほど先に生きたコメニウス（1592-1670）は、モラヴィア語で『大教授学』

という革命的教育論を著した学者である。幼少のときに両親を亡くし、ハイデルベルグ大学で教育を受けた。モラヴィアの宗教改革者フスの系統をつぐ、原始キリスト教の後継者でもあった。ブルーノ（現在のチェコ共和国の南東部、メンデルの実験農場のある町）という町で、彼の教会が別のキリスト教派から焼き打ちにあい、避難民としてロンドンに滞留し、のちに自由都市アムステルダムに移住した。また、アメリカのハーヴァード大学の初代学長の選考過程で、当局の第一の候補者であった。1630年代にアメリカがイギリスの植民地であったころ、マサチューセッツ・ベイ・カンパニーという交易会社があって、その社長がロンドンに避難民として滞留中のコメニウスに面会し、学長就任を打診した。この経緯から推察されるように、当時の知的指導者としては最高の人物であった。ところが日米の発達心理学の教科書には、その名が引用されることがない。私見によれば、ルソーの『エミール』のさきがけの教育論を展開し、ルソーよりもはるかに女性を尊敬し、教育機関による女性排除運動に反対する立場を明確にしている。さらに、生涯発達心理学の輪郭を提案し、その創始者としても確固たる地位をきずいている。

『大教授学』の最初のページには、「男女両性の全青少年が、ひとりも無視されることなく、学問を教えられ、徳行を磨かれ、（中略）生命に属するあらゆることがらを、わずかな努力で、愉快に、着実に、教わることのできる学校」というアイデアが提示されている。この提案から300年以上も、教育機関が女性を排除してきた長い歴史を考えるとき、コメニウスの先進性に頭が下がる。コメニウスは続ける。「ここで提示されるすべてのものの基礎は事物の自然そのものから発掘され、真理は工作技術の相似例によって論証され、順序は年月日時に配分され、最後にそれらを成就する・平易で・適格な道が示される」。私たちの教授学は「教えるものにとっては、教える苦労がいよいよ少なくなり、しかし学ぶ者にとっては、学び取るところがいよいよ多くなる方法、学校に鞭の音、学習へのいや気、甲斐ない苦労がいよいよ少なくなり、しかし、静寂と喜びと着実な成果とがいよいよ多くなる方法である」。20世紀に盛んとなる児童中心主義の教育のさきがけのアイデアが、鮮やかに提案されている。

原理原則ばかりでなく、人間の生涯を乳児期・少年期・青年期・壮年期・老人期と分け、教育はことばのない乳児期には不可能で、少年期からはじめるのがよいとしている。初期経験の重要性を強調すると同時に、子女の教育は親自身の教育が不十分であるため親では不十分であること、たとえ親の教育程度が高い場合でも、子どもは集団のなかで、つまり学校で共同生活のなかで教育がなされるべきである、子どもが子どもどうしのなかで互いに手本となり刺激しあう場合にこそ、学業の成果も楽しさも倍加する、これこそが学習の一番自然なすがたであるとする。また規則をことばでいうよりも実例を示して、黙っていても子どもが真似をするように仕向けるのがよいという。非常に現代的な提案である。宗教改革者のマルチン・ルターが1525年に学校の建設を帝国諸都市に呼びかける勧告をしていることに言及していて、ルターの思想にそって教育改革をめざす意図を明らかにしている。

さらに人類の最大寿命について、120歳という数字をかかげている。この数字は過去の文書にもとづくとともに、その時代の実際に生きたひとびとの記録にもとづいている。特に頑強に生まれたひとでは最大で120歳で、そうではない一般人でも60歳は可能で、そのためには体の鍛錬、教養の蓄積、自然に親しむ生活、毎日の努力が大切であることを説いている。園芸技師が甘くて美味しい果実を育てるように、自分自身を育てる指針を示している。17世紀のコメニウスは発達段階に合致した教育の提唱とならんで、生涯発達心理学の先取りをし、21世紀に生命科学が到達した結論（最大寿命120歳説）に到達していた。

ジョン・ロックは教育にも興味をもっていた

啓蒙時代の思想家ジョン・ロック（1632－1704）は、『統治論』を通じて、アメリカ合衆国の憲法草案やフランス革命に大きく貢献した政治学者である。医者としての仕事もあり、子どもの教育についての主要な仮説を提唱し、発達学に欠かせない人物でもある。アリストテレスの経験論を人間の発達の説明に使って、より精緻な経験論を発展させた。親友の子どもの教育に責任ある立場から考え抜かれた教育論を1684年ころ実践にうつした。『教育に関する考察』の出版はその10年後である。その教育の目的は、新しい市民革命がおこったあと、市民にふさわしい人間を教育することであった。相手の権利を尊重する人間には理性の獲得が重要であるとした。理性の獲得のためには健康な体が不可欠であるとし、栄養、睡眠、運動の重要性を指摘した。同時に機械的記憶を排して、子どもの個性を尊重し、かつ子どもが楽しんで教育を受けられるように配慮した。

生まれたばかりの赤ちゃんの心は白紙であって、その上に経験が書き込まれ、それが基礎知識となると説いた。多数の基礎知識が書き込まれると、それらは互いに関連づけあって、われわれのもつ複雑な知識となるとする仮説である。受け身の思想かというとそうではなく、外界からくる刺激を受けとる能力は生まれながらにもつばかりではなく、書き込まれた経験を互いに関係づけあうという積極的性質をもつ。赤ちゃんの心が白紙であるとする前提は、当然「幼児体験が重要である」とする仮説をみちびく。ロックにとっては、社会的責任をはたす市民を育てるのが目的であるから、教師による思考の訓練で理性の発達をうながすことが最大の課題になる。そのために聖書や古典、特にイソップ童話をはじめとする読書を強調する。ロックの経験論の精神は、20世紀のパブロフほかの行動学派に受け継がれていく。

ジャン＝ジャック・ルソーは特異な天才であった

ジャン＝ジャック・ルソー（1712－1778）は、同じく啓蒙時代の思想家でありながら、同時代人、つまり啓蒙思想家たちとは相容れない考えをもっていた。学校教育を受けていない数少ない天才のひとりであり、幼少のころより父親から古典の教育を受けた。わけのわからないテキストに遭遇して、耳学問のかたちをとった知識を身につけたとされる。主著『エミール』のなかで仮想の子ども「エミール」をいかにして育てるかを詳細に記述した。ロックが市民社会をよきものとして前提としていたのにたいして、ルソーは市民社会が諸悪の根源であるという前提をおいた。フランス政府から逮捕状がでていて、ルソーが逃げ回っていたころの作であるから、この前提には納得がいく。おとなの社会には思想統制・搾取・戦争・盗み・詐欺・殺人など、子どもに悪影響をあたえる事態が蔓延している。無垢な子どもたちは、社会から隔絶された場所で、社会悪の影響を受けないところで教育すべきであると主張する。それはどこか。自然である。草木が自然のなかで立派に成長するように、人間の子どもも自然のなかで立派に成長するという仮説を提出した。自然のものに自分だけで付加価値をあたえられる農夫の知識と技能を身につける教育をおこなうことを説いた。

いくら自然のなかで育っても、エミールは思春期とともに性衝動に駆り立てられる存在となる。と同時に、社会人・市民としての人間に育たなければならない。性衝動を自然のおもむくままに発散させてはならない。『エミール』の後半部分は、性衝動にかんする考察である。それを制する伴侶ソフィーを登場させて、彼女に従うことをエミールに誓わせる。性衝動を制するのはソフィーだけではなく、聖書をふくむ古典の読書、社会契約論の読書、旅行、自己実現を提案してはいるけれど、ソフィーの教育についての多くのページをさいているのは、伴侶の存在がもっとも重要であることを示唆している。ソフィーへの愛は障害物をたくさん置くことにより高められる。愛情の発達における時間の役割を意識していて、数年の交際期間、旅行による交際の中断をへて結婚に至るのが理想であると提案している。

『エミール』はルソーが自身の子どもを全員孤児院に送ったため、その反省から生まれたとされる。同時に幼少のころの母の死と父親から受けた教育が自身の人間形成に大きく影響したとする認識から、「幼児体験が重要である」とする仮説を提案した。ことばによる教え込みをしりぞけ、子どもが自然から学ぶ自然の教育と、物をあつかうことから学ぶ即物教育を強調した。ジョン・ロックが思考訓練と読書を奨励したことを敬意をもってしりぞけ、子ども時代に読むべき唯一の本は『ロビンソン・クルーソー』とした。啓蒙時代以前、子どもは原罪を負って生まれるとする前提があった時代に、ロックはそれを否定し「白紙」を強調し、ルソーも「原罪説」を否定し、子どもは本来完全なものとする「性善説」を前提とした。両者とも、それ以前の揺るぎない信念の体系を否定した点で革命的であった。ルソーの自然に学べとする思想はピアジェへ、性衝動の制御の思想はフロイトへと受け継がれていく。

7 ラマルクの進化学とはなにか

ダーウィンの進化学説よりも半世紀ほど前、19世紀のはじまる年に、ジャン＝バティスト・ラマルク（1744－1829）は「種が変わる」という仮説を提出した。変化のみなもとは、使うか使わないかによる。いわゆる用不用説である。種の変化に行為のはたす役割を主張した。たとえばモグラは地中にいるので、光にあたらず目を使わないから、目が見えないように変化したという。ところが同じ世代の同じパリ大学の同じ自然史博物館に所属したキュヴィエという学者の反論、「種は不変である」に敗れる。キュヴィエは、「種は不変である」という仮説を化石の証拠によって科学的方法で検証し、神による創造説を支持していた。今の視点から考えると理不尽きわまりないが、ラマルクの進化学説は当時の定説から極端にはずれていたので、それにたいする反論は十分理解可能である。また1000年、2000年くらい前の化石を使えば、「種不変」仮説を完全に支持することができる。数千年をへても、化石に残るような「変化」は生じないか生じにくいからである。

その後ダーウィンの進化学説が提出されて、「種不変」仮説は棄却された。ラマルクはダーウィンの『種の起源』の受容に大きく貢献している。ダーウィン自身もラマルクの貢献を高く評価している。この出版後にパリ大学構内にラマルクの銅像がたてられた。現代でもラマルクの植物学への貢献は高い評価を受けている。ダーウィンの祖父エラスムスはラマルクに数年さきがけて「種は変化する」という仮説を提出しているけれども、それは思いつき程度で精緻な理論化をしていないので、ラマルクの進化理論が近代の歴史に残る最初の業績となる（エラスムス・ダーウィンによる１７９４年の生命体の法則についての著作がある）。ラマルクはバイオロジー（生物学）という語をつくったことと、植物学で21世紀になっても引用される業績をあげたことでも知られている。また「獲得形質は遺伝する」とする仮説は、文化の継承発展を説明するときには十分に有効である。

しかし、ラマルク説はダーウィンの死後発展した自然選択説の純粋版と相容れない進化の仮説であったためと、後述のワイスマンの尻尾切り実験により「獲得形質の遺伝」仮説が棄却されたために、ラマルクの死後長期にわたって葬り去られていた。特に１９４５年のダーウィン説と遺伝子の突然変異説が統合された（近代統合学説）あと、ラマルクの貢献は無視されたばかりでなく、嘲笑の的でもあった[注]。

ラマルクの死（１８２９年）後、１５０年以上をへて再評価がはじまる。20世紀の最後の10年間にラマルクの主張する用不用説、すなわち「個体の発達過程における行為が進化の原動力である」という仮説が、科学的方法により次々に支持されるようになる。近代統合学説では発達の視点が欠けていたので、発達の視点をとりいれた進化学がはじまる。そこで１５０年以上も葬り去られた仮説が息をふきかえすことになる。第2章で紹介するエピジェネティックス（遺伝子表現学）の登場とともに、ラマルクの再評価が進んだ。ネズミに飢餓を経験させる実験をしたならば、それらの経験が生殖細胞に変化をもたらし、子孫に影響をあたえると現代のエピジェネティックスは示している。尻尾を切ってもそれは生殖細胞に影響をあたえないけれども、生命に危機をもたらす飢餓・熱のストレスなどはすべて生殖細胞にも影響をあたえ、遺伝することは周知の科学的知識となった。

8　ダーウィンの自然選択説とはなにか

チャールズ・ダーウィン（1809−1882）は自然哲学者エラスムス・ダーウィンの孫で、著名な医者とイギリスの陶器メーカー「ウェッジウッド社」の創設者の娘の子である。医学部に進学するものの性にあわず神学を志すなか、植物学と動物学に興味が移り、その分野で大学を卒業した。たまたま研究船ビーグル号に博物学者として乗り込むことになる。父親の猛反対を母方の親族がおさえたというエピソードが伝えられている。ガラパゴスをふくむ航海の行く先々で動植物の標本を採集した。航海中に父親にあてた手紙で、世の中に貢献できる自信を伝えている。種が別々に創造されたものではなく、場所によって少しずつ変わることを観察した。後の進化学説に明記される思想のもとは、1830年代に形成された。

注　日本の霊長類研究で草分け的存在である今西錦司はダーウィンの『人間の由来』の解説でラマルクの銅像がパリ大学にあることに言及し、ラマルクばかりでなく、フランス人を嘲笑している。キュヴィエが追悼の記でラマルクを軽蔑したのとはまったく異なる視点からの嘲笑である。脚注をつけるとすれば、ダーウィンは『人間の由来』でラマルク仮説を進化の一側面の説明として使っている。

ダーウィンの進化学説はきわめて重要なので、簡単に説明する。まず「個体のあいだには特性の差異がある」、「個体は種の維持に必要以上の個体を再生産する」という前提をおく。この２つの前提に異論を唱える学者も一般人もいない。議論のおこるのは「自然環境に適応する特性をもった個体が生き残り、選択される」という自然選択の仮説である。もともと単細胞であった原始生命体が自然選択の過程でさまざまな種となった、という自然選択説である。この説に反対する議論は主に２つある。ひとつは「種は不変である」とする議論と、もうひとつは「人間をふくむ動物の体の進化はいいけれど、人間の精神は神が創ったのだから、進化したのではない」という議論である。事実ダーウィンとともに学会でこの自然選択説を発表したウォレスという学者は、「自然選択説は体についての進化を説明するけれども、心の進化を説明しない」としてダーウィンと袂をわかっている。

ダーウィンの進化学でもうひとつ重要な仮説は、性選択仮説である。種保存の主要な担い手の性が異性の特性を観察し、種保存に有利な相手を選択するという、すべての動物で性による差異がある事実を説明する仮説である。その際に選択される側の生命体同士が競いあう結果、性による差異が生まれたとする。今では自然の記録映画で、メス鳥の前で踊ったり羽を広げて自分の適性を披露するオス鳥の姿とオス鳥同士の争いが観察可能になった。鳥に限らずサカナや哺乳類でも同じことである。オスの角などの武器の存在理由はだれでも知っている。

人間の性選択では時代の変化を反映する。一夫多妻から一夫一婦制度になったのは女性の側の性選択の変化を反映するとされている。また女性のみが男性を選択するのではなく、男性の性選択説も検討されている。ダーウィンは各地の旅行で異なる場所の先住民の性差の様相が異なることから、男女のあいだで望ましいとされる特性が文化によるのではないかと、推論をしている。

「自然選択で人間をふくむすべての生命体が形成された」という仮説は、コペルニクスの地動説の仮説と同じように、人間中心の世界観をくつがえす。38億年の生命の歴史のなかで、ホモサピエンスと呼ばれる人間が20万年前に出現したとすると、この歴史がはじまって以来99・995％の時期には、われわれ人間は存在しなかった計算になる。言いかえると、生命の歴史全体の1％の200分の1の時間しか、われわれは地上に存在していなかった計算になる。ということは、人間出現以前に何億もの種が生命体として存在していたわけで、その理由でも、人間中心の世界観が崩壊することになる。自然選択とは、ある種に属する個体には特性の差異があって、あるものはその種をとりまく環境に適応し、子孫を残し、ほかのものは子孫を残さないことである。環境が天候の激変であれば、恐竜のように差異にかかわりなく、すべての個体が絶滅する。生命体とは自然環境に翻弄される存在であるから、環境中心の世界観である。どの生命体が自然によって選択されるかは偶然であって、生命体がある目的をもって、適応したり、異なる種になるのではない（多くの細胞学者は進化学の基本を学ばないので、この点で誤解をしている）。車の「進化」などという表現はよく使われ、それは製作者の意図と目的をもって新しい形になることを意味する。進化学の進化とは正反対の概念である。

自然選択説と性選択説にくわえて重要なのは、単細胞から何億という種への枝分かれを記述した「生命の木」または「生命の系統図」である。生命の系統図は、すべての生命体は同じ起源をもつことを示す。松の木もゴキブリもネコも、38億年ほどさかのぼると共通の祖先である単細胞に行き着くのである。自然選択説を誤解する学者であっても、生命の系統図を誤解することはない。バージニア・リー・バートンによる子どものための『せいめいのれきし』は広く読まれていて、子どもでも誤解することはない。「すべての生命体は同じ起源をもつ」という仮説は、受精卵からの成長（胎生）が魚でも、鳥でも、馬でも、人間でも非常に似かよっていることから、子どもでも容易に理解できる。この事実は、前成説の主張する微少体の段階であっても異なる形をもつと主張する仮説と矛盾するわけで、古典的な前成説の棄却が進化学の受容と時期的に重なるのが理解できる。

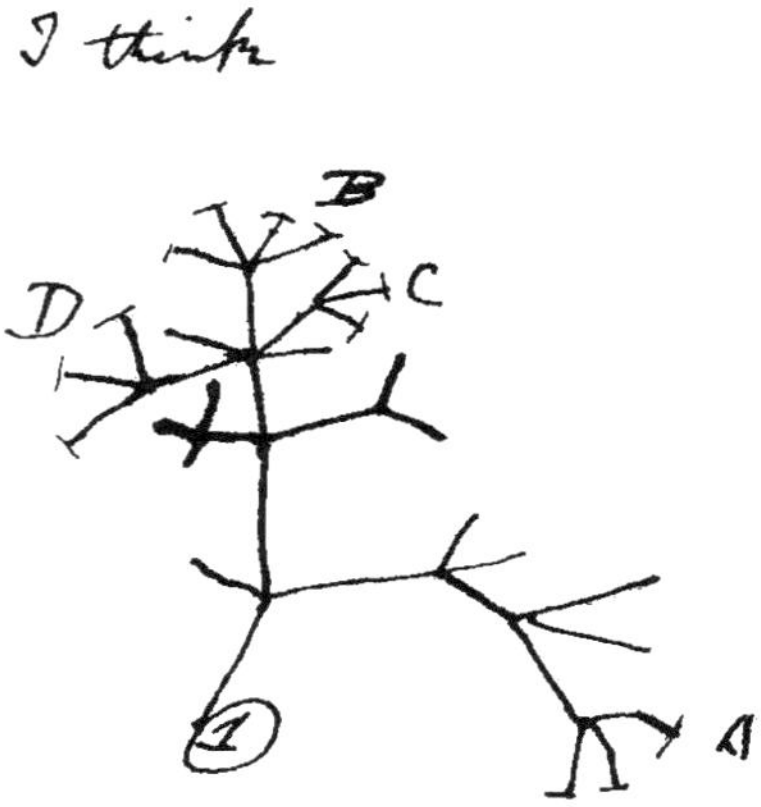

ダーウィンが描いた系統図

１８５９年に発表された自然選択説は、学界の反応と一般社会の反応が対照的で注目される。仮説を支持する証拠として現存する種の昔の形をとどめた化石、同じ種の環境に依存する差異（たとえばガラパゴス島のフィンチのくちばしの形状の差異）、同じ器官が種間で類似しているとの観察などが提示された。生物学者のあいだでは、「なんでこんな簡単なことに気づかなかったのか」と、短期間といえる２世代くらいかかって受け入れられた。ところがこの学説は「神が人間をふくむ種をそれぞれ別々に創造した」とするユダヤ・キリスト・回教徒の信念と矛盾するため、これらの教徒が多数派をしめる社会では、一般には今日でも受け入れられていない。特にアメリカでは、地方の教育委員会で教科書の選定のときに、旧約聖書にある創造説の記述のない教科書は採用しないことがしばしば生じている。それは、教科書の選択がある地方の教育委員会の多数派の意見に左右されるからである。学界で科学的知識が認められたとしても、それが一般に受け入れられるとはかぎらない。一般のひとたちが科学的知識を受け入れないと、子どもたちにそれが伝わらない。つまりある科学的知識は一般の多数派に共有されてはじめて、それが次代へと伝わるようになる。

ダーウィンの進化学説は、今存在するすべての生命体は過去の生命体の環境との闘争の産物であるとするので、哲学の立場からみると、経験論でも観念論でも説明がつかない。その時々に闘争のなかで、ある種の生物学的特性をもった生命体が生き残る。そのときに新しい生命種が誕生する。この誕生は遺伝と環境の熾烈なせめぎあいのなかで実現する。種の歴史では、無数の生命種が構成されたことになる。生命体が環境の挑戦を受けて生物的な適応をして新たな生命体として生き残るのは、環境との相互作用のなかで新たな生命体が構成されることである。自然選択による構成論はその当時の哲学者によって提案されたものではなく、20世紀に至って、ようやく哲学者の論ずるところとなった。

9 メンデルの遺伝学仮説はダーウィンに伝わったか

進化学説と同じくらい大切なメンデルの法則は、別の理由で誰にも受け入れられなかった。グレゴール・ヨハン・メンデル（1822-1884）は、果樹園を経営した農夫の子どもとしてモラヴィアに生まれた。植物の成長と気象学と養蜂に興味をもっていた。ブルーノというモラヴィアの中世都市の修道院で勉強を続けるなか、ウィーン大学に短期留学を認められる。ドップラー効果で有名なドップラー教授が指導教官であった。そこで数学・物理学・植物学などを学び、帰国するやエンドウマメの交配実験をはじめる。この実験結果を説明するメンデルの法則は、ダーウィンの『種の起源』の刊行の数年後、モラヴィアの地方学会で発表された。その論文の冒頭に、ダーウィンの進化学は遺伝の法則の知識を欠いては本当には理解できないとある。

ダーウィンが前提としたギリシャ時代の、血が遺伝のもとであるとするパンジェネシスの理論は、遺伝は両親の特性の中間特性が子にあらわれるとすると紹介したのちに、実際の遺伝では両親よりも前の世代の特性が子にあらわれることが以前から知られているというレヴューをしている。このレヴューにもとづいて、純粋種の種《たね》の選択が自分の実験には不可欠であると述べ、実に周到な準備をして実験にのぞんでいることが記述されている。遺伝をになう因子には優性と劣性とがあり、優性因子だけをもったエンドウマメと劣性因子だけをもったエンドウマメを掛け合わせると、2代目はすべて優性因子をもった親の形質をあらわすけれども、3代目になると4分の3は優性因子をもった形質をあらわし、4分の1は劣性因子をもった親の形質をあらわすという研究結果を発表した。メンデルは、統計学を植物学の分野ではじめて使った。

憶測の域をでない考察

正規教員試験になんども失敗した劣等生がなぜ遺伝学史上に輝く実験ができたのか。鍵となるのはメンデルが指導教官ドップラーの実験に興奮したという事実と、当時ウィーン大学は植物学でも統計学でも一流の学者をかかえていたことである。ドップラーは同じ音程の音が観察者の位置によって変化することを示した。汽笛の音の音程は同じであるにもかかわらず、観察者に近づいてくるときには高く、遠のくときには低く聞こえる。同じものが観察者の位置によって違うものとしてあらわれてくる。農夫であった両親と働くなかで、植物の特性が世代で変化することを子ども時代に学んでいたと仮定すると、メンデルが「同じ遺伝的形質が世代をへると異なる特性としてあらわれる」と結論したとしても不思議ではない。またドルトンの原子論が最新理論であったことから、見えないけれども原子に似たような遺伝因子を仮定した可能性もある。観察者が同じ植物の特性を幾世代にもわたって観察するならば、植物の世代ごとに変化する見かけ上の特性の法則の奥に見えない因子があると推論した可能性もある。世代間伝達の法則は統計的数学的に表現されることをも理解したメンデルは天才というほかはない。

ドップラーの思想は同じウィーン大学のマッハに受け継がれ、「音源から音の速度より速い速度で観察者が遠ざかるならば、その観察者は音を聞くことができない」という仮説に発展し、さらにはマッハの思想がアインシュタインの相対性理論に発展していったことを考えると、上記の憶測は憶測の域をこえて検証可能かもしれない。

不幸なことに、地方の学会で、誰ひとりとしてそれを理解しなかった。少数派さえも形成できなかった。科学的知識をひとりの科学者が発見しても、それが誰とも共有されないことがある。学界で多数を獲得する前提がないのである。学会のあと論文（抜き刷り40冊）はイギリスの王立学会、アメリカのスミソニアン研究所、その他世界に冠たる研究所に送られた。その分野の最前線で研究するどの学者も、理解できなかった。とはいえメンデルが当時の基準にあう科学者ではなかったこと、それまでの彼の研究が皆無であったことが、メンデルの実験結果の再発見に30年もかかった理由といえる。逸話として生物学史家が語るのは、「世界でただひとり理解できるのはダーウィンであると考え、メンデルは彼に書簡を送った」という。ところがダーウィンの遺伝学はギリシャ時代のそれであって（パンジェネシスと呼ばれる）、たとえその書簡を読んだとしても、ダーウィンは理解できなかったであろう、というのが、生物学史家の理解である。

私見では万が一ダーウィンが田舎者への偏見をもっていなかったとしたら、メンデル論文の冒頭を読んだだけで、その理解に没頭したはずである。なぜなら進化の理解には遺伝の理解が必須であると冒頭に書いてあるからだ。ダーウィンはイギリス上流階級に属し、それ以下の人びとや外国人や未開人に偏見をもっていたことは、その著作からうかがい知ることができる。

メンデルの実験結果はメンデルの法則によって完全に説明できるものの、遺伝一般はメンデルの法則によっては説明できない。たとえば身長には200以上の遺伝子が関与しており、身長の個人差を遺伝子の違いによって説明しようとしても、ほんの一部しかできないという事実がある。遺伝とはなにかは、21世紀になっても、正確にはわからないというのが現状である。既存の枠組みでは遺伝現象を理解できないのである。たとえば三毛猫のクローンをつくっても親の同じ模様を再現できない事実を、メンデルの法則では説明できない。母親を通じてだけおこる遺伝、ミトコンドリア経由の遺伝ももちろん、メンデルの法則では理解できない。発達がきわめて不可思議な現象であるのと同様に、遺伝はきわめて不可思議な現象である。新しい遺伝学、エピジェネティックスは誕生したばかりであるから、おそらく今後1世紀くらいをかけて、進化と発達と遺伝を統合的に理解できる枠組みが構築されるのであろう。

メンデルの遺伝学が教科書で記述されているからであろうか、大多数の社会科学者が、遺伝を認めるのは遺伝決定説を支持することだと、誤解してきた。たしかにエンドウマメの特性が遺伝するように人間のすべての特性が遺伝するとすれば、社会科学者のこの主張は正しい。しかしながら、21世紀の遺伝の仕組みの理解は社会科学者の理解をはるかにこえている。

ラマルク、ダーウィン、メンデルの重要な仮説のその後の発展にもっとも寄与したのは、オーギュスト・ワイスマン（1834-1914）とされる。ワイスマンはネズミの尻尾切りの実験をして、短い尻尾のネズミどうしを掛け合わせて何代たっても子どものネズミの尻尾が短くならないことを示した。この結果はラマルクの「獲得形質」が遺伝しないことを示し、彼の仮説を棄却した。同時にダーウィンのパンジェネシスの遺伝理論（血が遺伝のもとであるとし、両親の血を受け継ぐ子どもには両親の形質の中間特性があらわれるとする）も間違っていることを示した。体細胞が遺伝にとって重要なのではなく、生殖細胞こそが遺伝の担い手であることを示したのである。この主張はメンデルの遺伝法則を補強し、ダーウィンの個体間の差異（個体差）のみなもとを説明した。ワイスマンの「遺伝情報は生殖細胞にのみ存在する」とする仮説が、その後の遺伝学と自然選択説の統合に大きく貢献することとなる。

ワイスマンの弟子であるハンス・ドリーシュ（1867-1941）という発生学の学者が、その当時の前成説をくつがえす重要な実験をおこなった。ウニの受精卵が2つの細胞になったときにそれを分離し、その1つを育てたところ、前成説が主張する2分の1の大きさにはならず、ふつうの大きさになった。また受精卵がもっと成長し多細胞の生体となったときに、その多細胞のうちの1つを切り離し別の場所に移したところ、前成説が予測する奇形にはならず、ふつうの正常なウニとなった。1890年のこの決定的実験で、その当時の古典的前成説は棄却された。ダーウィンの『種の起源』の出版からほぼ1世代あとのことである。

21世紀の知識からみると、ドリーシュの研究は遺伝子が発達を決めるのではなく、細胞の集団がその細胞のなかにある遺伝子の発現を決めることを示した革命的できごとであった。移植された細胞はその移植された位置にある他の細胞と交信をして、自らのうちにある遺伝子の発現をまわりの細胞の遺伝子の発現と同じようにする。生命体の自己組織化を示す実験である。後成説（エピジェネシス）を支持する証拠を提供したばかりでなく、この実験から1世紀後に注目されるエピジェネティックスの仮説にも好都合な証拠を提供していた。もちろん当時遺伝子は知られていなかったので、この実験は当時の前成説の棄却と同時に後成説の支持にとどまることになる。この重大な発見を十分に説明できなかった発見者は、これを契機にこの分野の研究を放棄する。1世紀をへて、その評価が大きく変わった。今では、クローンをはじめて作成した学者というばかりでなく、発生学の重要な貢献者として認められている。

以上は、およそ数千年以前から19世紀末までの発達学の歴史に登場する、主要な仮説の記述である。仮説の作り手は今でいう生物学者、当時の神官、自然哲学者、哲学者、博物学者たちであって、心理学者ではない。心理学者が登場する前までの話である。これらの現代発達学の基礎となる仮説は、今なお論争の的となっている。100年以上も前の仮説が21世紀になっても論じられるのは、それらが根本的に重要である証である。重要であるにもかかわらず、それらの相互調整は未完である。たとえば個人の発達では、行為の重要性は20世紀にすでに確認されていても、進化学では21世紀になってようやく注目されるようになる、といった具合である。どの仮説も、ある条件のもとでは確かなはずであるが、しかし、どのような条件のもとでどの仮説が確かなものかが解明されていない。次の章では、数千年来の仮説が現代の発達学にいかに受け継がれているかをみる。

第2章 現在の発達学の主要な仮説

19世紀末までの論争に呼応するかのように、20世紀の発達論争が展開する。発達心理学の教科書に頻繁に登場するのは、ほとんどすべてが20世紀に活躍した学者たちである。ただし、そのなかに心理学者はほとんどいないといっても過言ではない。20世紀の学者でとりわけ、パブロフとフロイトとピアジェが心理学の領域にもっとも大きな影響力をもつ3大天才とされている。21世紀における文献引用回数と教科書に登場する回数が基準で、この3人のヨーロッパ人をこえる人物はいない。この3人の学者たちは、広い意味での生物学者である。最初の2人は医学部出身生理学専攻である。最後の1人は子どものころからの博物学者で、3人とも大学の心理学をおさめていないというのが正確であろう。パイオニアであることもあって、発達学の基本的仮説にかかわる理論を提出している。以下に紹介する学者たちがギリシャ自然哲学者以降の歴史をふまえていたかどうかは、読者の判断にまかせる。

1　パブロフの貢献はなにか

イワン・パブロフ（1849―1936）は宗教家の家に生まれ、宗教家をめざしていた。ところが神学科に在籍中にダーウィンの『種の起源』とセチェノフの『脳の反射』を読んで、将来の職業を決めたといわれる。神学科をやめてセチェノフの勤めるサンクトペテルブルグ大学の医学部へ進学する。1875年に優秀な成績で卒業後、消化の研究でノーベル賞をとることになる。

1890年に軍医大学校の教授となり、学習の研究をはじめる。そのきっかけは偶然の観察であった。消化の研究で食べ物がないのにイヌが唾液を出すのは困ったことである。餌をやる飼育係が近づくとイヌが唾液を出すことに気づき、それはどうしてか説明をしようとして、学習の分野に研究をひろげたとされる。学習の成立過程を実験的に検証した。直接発達の理論を構築したわけではないにもかかわらず、学習の成立と消去に関する研究は発達研究に広範な影響をあたえた。その研究は、条件反射の存在の証明であった。

イヌにある食物を刺激として見せると唾液を出すという反応が観察できる。このもともとある無条件反射に注目し、食物提示の直前にベルをならし、これをくりかえすと、食物提示なしでベルの音という刺激を条件とした唾液反応が生じるという条件反射の事実を、綿密な実験方法をもちいて提示したのである。ベルの音という刺激が条件となって唾液反応が生じる。これを条件反射による学習という。また食物提示なしでなんどもベルをならすと、唾液反応が消去する。学習の消去である。条件反射は学習の一形態であり、学習の積み重ねで発達が生じるという意味で発達学と深い関係がある。さらにパブロフは条件反射の成立と消去を脳の反射としても考察し、20世紀後半に発展する脳神経科学の基礎をきずいた。

アメリカの心理学者ジョン・ワトソン（1878－1958）は、あらゆる主観的概念を排除した行動学をはじめて提唱した。刺激と反応の関係のみをあつかう反射にもとづく行動学である。人間の行動は反射のまとまったものとした。具体的には、条件反射の学習理論にもとづき、アルバートという子どもの研究参加者に、大きな音を刺激としてあたえ、それへの無条件反射としての恐怖行動がおこるのに先立って、白いマウスを提示した。すると、もともとなかった条件反射（マウスを条件とした恐怖反応）が成立した。この条件反応の成立と消去の検証という科学的知識にもとづいて、ワトソンは発達には可塑性があり、「どんな子どもでも自由自在に親の望む職業人にすることができる」という仮説を主張した。ロックの経験論にほぼ完全に合致する、行動学的仮説の提出であった。不安の成立と消去の仮説は検証可能で、支持されており、今日行動療法の要素となっている。「子どもはどんな職業人にもなれる」という仮説はふつうの親たちの経験によっても、科学的方法によっても、棄却されている。

ワトソンは、一般むけの育児書で条件反射の理論にそった育児法の推奨をした。赤ちゃんが泣いたらほっておけという育児法である。泣くという行為と抱かれる事態の連合ができると主張し、泣いている赤ちゃんを抱いてやると、泣き虫赤ちゃんができてしまうという議論を進めた。１９２０年ごろの話であるから、厳格な育児法を実践していた父母たちに受け入れられた。今日どの育児書をみても、ワトソンの仮説をみることはできない。

反射の概念を自発的行為にあてはめたのは、バラス・スキナー（1904－1990）である。ワトソンと同じように「心的なもの」「主観的なもの」すべてを排除し、刺激と反応の関係のみを研究対象とした。ネズミ、ハト、ヒトの行動を同じ原理で理解する立場をとった。人間も動物も、自発的にある行動をする。その結果なにがおこるかにより、自発的行動の頻度が上ったり下ったりする。たとえば偶然にボタンを押して、その結果餌が出てきたとすると、そのボタン押しの行動の頻度が上がる。いくらボタンを押しても餌が出てこなければ、ボタン押しの行動の頻度が下がる。これは単純きわまりない仮説である。しかし教育や行動療法にこの仮説が応用され、多くのひとびとが恩恵をこうむっているのは事実である。また自然選択の仮説とも合致している。生命体がもつ特性は環境との相互交渉のなかで生き残った特性であるといえる。携帯電話をマニュアルなしで使おうとするひとびとは、偶然ボタンを押すことからおこる画面にみちびかれて、その使い方をマスターする。彼らのボタン押し行動は、自分に役に立つ画面だけを選択するように形成される。

2　フロイト、ユング、エリクソンの独創性はどこにあるか

パブロフ、ワトソン、スキナーが行動に注目し、その記述に厳密な科学的方法を採用したのとは対照的に、ジークムント・フロイト（１８５６－１９３９）をはじめとする、いわゆる精神分析学者は、臨床経験を証拠に常識的ではない理論の構築をした。広い観点からすると、ロックにはじまる連合の考え方が、パブロフとワトソンとスキナーでは刺激と反応のあいだ、反応と反応のあいだで理論化されたのにたいし、フロイトとユングでは患者の記憶のなかでの事象の連合から理論化が試みられたといえる。その意味では、フロイトとユングもロックの後継者である。実証的研究では追試が困難で、常識的ではなかった理論が１００年の年月をへて、発達心理学に欠かせない視点をつくりあげた。厳密な科学的方法を採用せずに歴史に残る仮説となったのは、あとでみるように、彼らの著書を読んで、一般のひとびとも研究者もその仮説に共感を覚えたことにくわえて、仮説自体も、実証的な研究結果とそれほど矛盾しなかったという事情がある。

フロイトは、モラヴィアの中世都市に生まれ、幼少のときから学業成績に秀でた子どもで、両親はすべての資源をこの子につぎ込んだとされる。幼少期に家族とともにウィーンに移住し、ウィーン大学で神経生理学をおさめ、パリ大学ではシャルコーのもとで学んだ。ユダヤ系であることからウィーン大学

の教授にはなれないと指導教官からいわれ、やむをえず神経学の臨床医となる。しかし、業績をつんでからは教授として雇用され、いまやウィーン大学の中庭にこの大学が誇る教授として、その胸像を見ることができる。カール・グスタフ・ユング（１８７５－１９６１）は名門の出で、スイスの小さな町に生まれ、大学時代フロイトと文通をしていた指導教官を通じて、フロイトの学術上の同僚となり、あるときはフロイトの後継者に名指しされた。ところが主として無意識の定義で意見があわず、それぞれ別の道を歩んだ。２人は１９０９年にアメリカ講演旅行に行く途上の汽船のなかで、夢の解釈をめぐって口論をしたという記録がある。しかし共通の原則のほうが大きく、歴史的にみると、ともに発達学の成立に貢献している。

フロイトは臨床医として開業すると、神経の病（神経症）を病んでいる患者が訪れ、その話を聞く仕事をした。症状のでた原因となる事実を聞く段になると、患者が猛烈に抗議したり自己抑制のきかない状況になるのに気づいた。どうしてそんな状態になるのかをさらに調べると、今でいう性的虐待または虐待を受けたという幻想が神経の病の原因であることがわかった。症例研究で患者の発言を記録した論文を発表するごとに非難をあびた。患者の子ども時代の回想に性的記述が多いからであった。神経の病の研究とは別に、自分の夢の分析をした著作を１９００年に出版し、その独創性のためヨーロッパでは著名人となる。次に記述するスタンレー・ホール（１８４４－１９２４）がライプツィッヒ大学に留学していたころから20年ほどしてからの話である。

ホールは帰国後、マサチューセッツ州ウースターにあるクラーク大学の初代学長となって、その20周年記念事業として１９０９年フロイトとユングほか著名なドイツ語圏の研究者を招き、それぞれ講義を要請した。そのなかで今でも簡単に手に入る講義録は、フロイトによる「精神分析学の5つの講義」である。フロイトはこのときに、自分の理論が拒絶されることを恐れ、アメリカの大学の学者のデータを引用してサービスをつくした。その結果は、受講者のひとりホールの指導教官で、アメリカ心理学会の長老ハーヴァード大学教授のウィリアム・ジェームスにも受け入れられ、講義は大成功をおさめた。ただし精神医学会のある時期を除いては、フロイトやユングの心理学が学会で多数派をしめることはなかった。彼らの使った方法が「科学的」ではないということと、「無意識」が測定困難であるというのが主な理由である。

「科学的」でないのは理論のよりどころとなる証拠が患者との会話であり、その会話は治療者によって誘導されている点である。第三者がいないから客観的な研究とはいえない（のちに記録映画が可能になり、臨床場面が研究者によって記録され、臨床場面の科学的研究ができるようになる）。患者が体の麻痺症状にかかわる幼児体験を語るとき、執拗に抵抗することとそれが性的体験、今でいう性的虐待のトラウマに関連すること、さらには患者がトラウマにまつわる過去の感情を治療者にむけること、などから、「抑圧された無意識が存在する」「幼児体験が重要である」「感情転移が治療の必要条件である」という仮説が提案される。方法が「科学的」ではないとしても、現代の発達学では無意識の仮説と幼児体験の重要性の仮説、感情転移の仮説はいずれも受け入れられている。100年以上にわたる研究成果をまとめると、臨床家も一般の研究者たちも、これら3つの仮説は妥当であると結論した（同じ誘導尋問の批判を受けたマーガレット・ミードの仮説は、昔の研究参加者による「ミードを楽しませるために協力した」との証言があって、棄却されてしまった。フロイトとユングの場合は、療法家たちの証言と21世紀の脳科学の分野で、仮説が今も検討されている）。

ユングはこれらの仮説をすべて認めながらも、無意識の内容について、性的抑圧よりももっと原初的な太古からの集合的無意識があると提案し、夢の分析などでフロイトと意見があわなかった。集合的無意識とは古代のひとももっていたとされる、自然現象への畏怖や生命の不思議をかもしだす無意識である。フロイトの無意識は個人の生活史のなかでの抑圧された無意識であるが、集合的無意識はそれよりもとらえどころのない、古代人がもっていたとされる無意識である。たとえば、すべての生命を生み出しそれをとりこむ大いなる太母のアイデアである。これらは目覚めているうちはなかなかわからない無意識で、夢などではじめてその存在が推測可能となる。深い穴に落ちていく悪夢などから推測できる生命の根源にかかわる無意識で、日本の神話ではイザナミの話に共通する古代からの無意識である。

ユングの理論は、その神秘主義的傾向のために心理学の教科書で記述されることが少なかった。だが老年学の興隆とともに、ユングの生涯発達における影の理論が注目されるようになる。たとえば男女の特性が生産年齢では性器の形状にあう心理的特性が表にあらわれているが、老年期になると影の特性、つまり男性であれば女性的なもの、女性であれば男性的な特性を表現することが自然にできるようになるという理論である。内向的、外向的という特性も同じように、影の傾向が状況により発達段階により、力関係を変えていくという、文字通り力動的な仮説が現在議論されている。

フロイトもユングも、「子どもは性的存在である」という仮説を提案している。この仮説は、国によって受け入れの程度が異なっている。アメリカの小児科医ベンジャミン・スポック（１９０３－１９９８）の『スポック博士の育児書』では、「赤ちゃんは性的存在でその欲求をむやみに抑圧してはならない、子どもを信じなさい」というメッセージを発した。１９４６年の初版から一般のひとびとに受け入れられた（20世紀末までにアメリカで２７００万部売れた。外国語に翻訳されたものをふくめると５０００万部といわれる）。お母さんお父さんたちがこれだけしかない育児書で子どもの本性を学び育てるわけで、60年代ともなると40年代後半に赤ちゃんだったひとびとは大学生となり、大学の文化、ひいては社会全体の文化を変えていった。１９６４年の公民権運動における旧秩序旧体制のみなおし（社会的抑圧の除去）、１９６８年におこった世界的な学生の反乱はスポックに由来するという意見もある。アメリカでの教授経験からしても、学生が自分の性的存在をおおらかに認める事実から、「子どもは性的存在である」との仮説が一般のひとびとに受け入れられているのがわかる。

「性的存在」仮説の受け入れ

日本ではどうだろうか。『発達科学入門』という東大出版会の大学院生むけの総合的教科書をみても、「性的存在」仮説の検討の章をみることができない。臨床の分野では、この仮説の検討がなされている。子ども図書館で就学以前の子どもに読ませる絵本のおいてあるところへ行くと、「とんぼの一生」「性のはなし」「白雪姫」「キツネの嫁入り」などのほとんどのお話が、異性間交渉を描いている。その事実と専門職にある研究者や一般人が子どもの世界を想像している内容にズレがある。子どももおとなも「性的存在」仮説をなんとなく受け入れている状況といえる。なにかをきっかけに、正統派（アカデミズム派）研究者が「子どもの性的存在」仮説を受け入れる可能性がある。

この仮説が受け入れられるかどうかは、そこに住むひとびとがどれだけ性を抑圧しているかによる。女性に教育を受けさせないよう努力する政府が地球上にいくつも存在する。教育を受けさせないために、少女たちを拉致して人身売買をしたというニュースもあり、教育を受けようとする少女を殺害したというニュースも後を絶たない。21世紀におよんでも、こうした事態が生起する。これほどまでにひどくなくとも、研究者や管理職の女性の比率が極端に少ないか、いても昇進できない国が多数ある。女性差別は性の抑圧と裏腹であるから、差別のない世界ができてはじめて、ひとびとは自らが「性的存在」かどうかを検証する機会をえる。フロイトのこの仮説の検証は時代精神の変化を前提としている。つまりこの仮説の検証には、少なくともあと1世紀は必要であると予測できる。

通常フロイトは、精神分析つまり心理療法の創始者とされている。これに異論を唱える者はいない。しかし文明史の立場からみると、そればかりではなく、知性の歴史をくつがえした哲学者としてのフロイトがはるかに重要である。特に無意識の理論は、「人間は理性的存在である」というプラトンにはじまる仮説の対立仮説を核心としている。哲学史からみると、ヘーゲルのきわめて理性的な理論に反論したフォイエルバッハ、ショーペンハウアーなどの後継者とみることができる。また理性ではなく自然を美化したルソーの性欲論（エミールの思春期の性衝動を婚約者ソフィーに制御させる案）を昇華仮説（性欲を社会的貢献へと変貌させること）へと発展させている。「人間は無意識に駆り立てられた存在である」という仮説は心理的な性格をもつばかりでなく、この仮説から新しい療法哲学や精神分析学的歴史論が生まれている。フロイトが無名であったころ、クラーク大学で自己の理論を世界史上3番目の偉業であると述べている。人類の自尊心は、コペルニクスによる地球中心を否定する地動説とダーウィンによる自然選択説で傷つけられ、今回は理性的存在の否定で3度目の被害に遭遇していると。

エリク・エリクソン（1902－1994）は、ドイツのフランクフルトに生まれたデンマーク・ユダヤ系ドイツ人で、父親がいまだに知られていない。母親が出生の秘密を守ったといわれる。父親の名がエリクで、デンマーク系写真芸術家であることが研究の結果明らかになった。ところがこの条件を満たす人物が2人いて、どちらかがわかっていない。母親はカーラといい、当時女性にはまれであったギムナジウム（日本の高校に相当）教育を受け、ニーチェとキェルケゴールを愛読した名門ユダヤ系の出身である。エリクを懐妊する以前に、コペンハーゲンでの名門ユダヤ系ビジネスマン、サロモンセンと結婚したが、結婚式直後に犯罪の容疑がかけられていると告白され、相手が逃走をし、別居がはじまる。一方で母親は芸術家であったので、同じ分野の芸術家仲間とつきあっていた。性的に衝動的だった母親は上の写真家のひとりの子どもを宿し、エリクを母子家庭で育てた。エリクの生まれたときの名前はエリク・サロモンセンである。乳母車の子どもと母親は誰がみても、実の親子とは見えなかった。母親は茶色の目の黒髪で、子どもは青い目のブロンドであった。

カールスルーエに移住したあとで、エリクが消化器系の病気になったとき、母親が小児科医ホンブルガー博士のところにみてもらいに行き、それをきっかけに母親と博士が結婚し、エリクは博士の養子となった。養子となった幼少時の名前は、エリク・ホンブルガーである。家庭では新しい父親を「侵入者」と感じ、学校ではユダヤ系のためいじめられ、ユダヤ人仲間からはユダヤ人らしからぬ（青い目のブロンド）といじめられた経験をもつ。成績も秀でてはいなかった。家庭には自分のいる場所がないと感じていた（居場所のない孤独な自分を描いた版画が、カールスルーエの美術館に収められているという）。

高校卒業後、エリクソンはヨーロッパ流浪の民となる。ミュンヘンの美術学校にも在籍して美術の教師をめざしていた。カールスルーエにもどり、その職を得ようとしていた。ちょうどそのとき、エリクソンの親友であるギムナジウムの同級生ピーター・ブロスがウィーンにあるアンナ・フロイトの学校で教師をしていて、エリクソンに合流を勧めた。

エリクソンは、こうしてフロイトの末娘アンナ・フロイトの学校で美術の教師として採用された。数奇な運命ともいえるフロイトとの出会いである。子どもの自己表現を助けるため、絵をかかせたり物を作ったりさせた。ところがその才能が輝いていたのであろう。アンナ・フロイトはすぐさま精神分析の訓練を受けるよう促し、およそ5年で精神分析学会の卒業証書を手にする。同時にモンテッソーリ学校の卒業証書も手にする。ナチスの迫害を逃れて1933年にアメリカに亡命してからしばらくして『幼児期と社会』を出版し、これは不朽の名作として、心理学者ばかりでなく、一般のひとたちにも受け入れられた。特にアメリカでは1909年以降の精神分析学受容の歴史があったので、それも彼の理論の受容に寄与したのであろう。スポック博士との交流も寄与している。

エリクソンはフロイト正統派で、青年期の自我の発達と次世代創出の二大テーマでフロイト理論の深化に貢献した。青年期によくみられる「いったい自分はなにものか」の問い（自分のアイデンティティはなにか）には、将来を共にする相手をどう選ぶか、職業をどう選ぶか、政治的目標をどう選ぶか、宗教をどれにするかの四大支柱があり、ここで選択をめぐる十分な危機の体験をしてはじめて、自己のアイデンティティを構築できる。同じようにしてアイデンティティを構築した異性に魅力を感じ、将来の伴侶となりうるひととして選ぶことができる。その相手との親密化を通じて、自分と相手の2つのアイデンティティを融合する過程で、愛をきずき、子どもをつくり、そこに投資することにより、新しい世代の創出に貢献する、という理論である。老年期には、この世代創出の仕事が自分の家族や文化を孫世代にも伝えることとなり、それが人生の集大成なのだと、結んでいる。

エリクソンは、自らの発達理論を説明するさいに図解モデルを使い、それをエピジェネティック・チャートと呼んだ。エピジェネティックスの提案者コンラッド・ウォディントンの仕事（1942年）を引用し、構成論の立場に立つことを明言している。ひとびとが自らの人生を切り開くのは、もともとある資質の展開でもなければ、経験の総体でもない。そのときそのときに遭遇する状況にたいして、自らおこなう選択が自己、いやエリクソンのことばでは自我アイデンティティを構成していくとの主張である。

3　ピアジェの仮説は進化学的か

フロイトがアメリカで講義をしていたころ、ジャン・ピアジェ（1896－1980）は鳥の観察者として名を知られた町の研究者であった。ピアジェ13歳のときのことである。その数年後には博士論文のための研究で、スイス山中におけるモノアライ貝の成長と行動が山の高度により変化する事実を明らかにした。彼は同じ遺伝子をもった貝を異なる高度に置いて、どのような異なる適応をするかをみた。発生学的研究である。「同じ遺伝子をもっていたとしても、環境の違いが発達における行動の差異をうみ、その差異が次代に遺伝する」という、ラマルク的な仮説の検証をした。ピアジェ19歳、ラマルク説が芳しい評価を得なかった時代で、日の目をみなかった。ところがその後1世代をへて、遺伝学者ウォディントンの注目するところとなり、この研究の再評価がはじまる。ピアジェのこの発見からおよそ1世紀をへて（死後30年）、それが引用されるようになる。

ピアジェはこの研究のあと、哲学を学び、自己の専門領域を「発生（発達）認識論」と決め、認識がどのように発達するかの研究をはじめる。「認識とはなにか」という哲学的問いに発生（発達）的にとりくみ、答えを出そうということである。哲学の勉強のなかで、ピアジェはプラトン派とアリストテレス派の対立の克服をカッシラーの構成主義にもとめた。子どもの知識は、もともとあるものでもなければ学習のみによるものでもない。子どもが活動のなかで知識を不断に構成するという立場をとった。この立場はとりもなおさず、進化学のそれでもある。生命体の構造は、進化の過程で限りない変化をしたという立場である。

ピアジェは、まず手はじめに、手ごろな自身の子どもたち3人を観察しはじめた。その結果は『知能の誕生』として発表された。第４章の乳児のところで紹介するように、実に画期的研究であった。ところが『知能の誕生』が１９３６年に出版されてからおよそ30年間、特に注目されることはなかった。「たった3人の子どもの観察は科学的とはいえない」「父親が観察者であるから客観的でない」と、もっともらしい理由があった。ところが英語圏で英訳がでて、何百人という研究者がピアジェの記述した方法のとおりに実験をしてみると、たった3人の子どもが示した行動がほとんどすべての研究者の「科学的観察」によって確かめられたのだった。「赤ちゃんは知識を構築する」という主要仮説は、ピアジェの発表から1世代をかけて、ようやく学界多数派の支持する仮説となった。

ピアジェによる3人の子どもの観察記録は、不朽の名作である。ピアジェはそのあと成人期までいかに発達がおこるか、認識の変化があるか、心理学は諸科学といかなる関係にあるかを研究し、心理学と教育の考察、ユネスコでの活動、ジュネーヴのルソー研究所所長としての活動など、幅広く活躍した。一般の教科書では前操作期、具体的操作期、形式的操作期の段階説の提唱者として知られている。ピアジェ自身は、段階説よりもはるかに重要なのは、ある段階から次の段階へと進む過程の記述と説明であると主張している。ところがそれらの主要仮説は専門書に記述される程度で、発達心理学者の共通の知識とはなっていない。ピアジェは一時期フロイト理論に興味をもち、性的抑圧のない子どもたちに物語をつくらせると、フロイトの「子どもは性的存在である」という仮説が支持されるという研究をし、フロイトの出席する学会（1922年）で発表している。

4 ヴィゴツキー理論

ピアジェの活躍と同時代（1920年代後半から1930年代前半）に彼を高く評価した学者がいる。

ソヴィエト連邦（今のロシア）の学者、レフ・ヴィゴツキー（1896－1934）である。彼はシェイクスピアのハムレット研究で博士論文を書き、文学批評家として出発した。童話の世界にも詳しく、弱冠27歳で、条件反射と意識的行動についてレニングラード（今のサンクトペテルブルグ）で学会発表をしている。またエンゲルスの『自然弁証法』を読んで、この枠組みのなかで心理学の構築を考えた。私流に言いかえると、脳の基礎的過程をおさえ文学を理解する能力の発達を自然弁証法の原則で理論化する意図をもっていた。この立場からみると、ピアジェの仕事の弱点がよく見える。それでピアジェと同じくらい影響力のある対立仮説を提唱することができた。

ピアジェは物にはたらきかける行為のなかで、子どもがことばを獲得しているという仮説を提唱した。「行為が内化して象徴機能が発達する」という仮説である。これにたいして、ヴィゴツキーは子どもの象徴機能の社会性を主張する。子どもはおとなとことばのやりとりをし、その社会的やりとりが内化したものが、思考を助けることばであると提唱した。当時マルクス主義的心理学の構築が要請されていたころ、人間の意識は社会歴史的産物であるとする思想（マルクスの思想）に忠実な発達理論をめざした。同時に生物としての人間のもつ特性を同じように重要なものとしてとらえ、この自然的特性を備えた人間が歴史的産物としての思想を獲得する様相を説明しようとした。生物学的特性はパブロフの反射であり、その上に構成される高度神経活動が歴史的産物の獲得にかかわるとした。

「発達の最近接領域」はこの思想の具体例で、子どもが自力で達することのできる発達段階とおとなの助けをかりて達することのできる発達段階には差があって、その差の自覚こそが発達の原動力になるという仮説である。学校の教科は人類の達成した知識の蓄積からなる。生物学を例にとると進化学、遺伝学、分類学、生理学などの歴史の蓄積と現代の知識が教科内容となる。歴史的存在としての子どもは、この分野の歴史的知識を受け継ぐ潜在性をもっていて、その知識の獲得のためにどのような教授が効果的かを論ずるのがヴィゴツキー派の関心事である。

このヴィゴツキーの仕事は西欧の学者の仕事ばかりに目をむけた偏向であると、ソヴィエト連邦の権力からにらまれ、発禁処分となる。ところが冷戦の雪解けにあわせ、１９７０年ころ政府権力による全集の刊行がはじまった。彼の死後約40年のことである。ソヴィエト国内の学界にのみ注目するならば、ヴィゴツキー評価は発禁処分から政府刊行物としての受容へと、１８０度の転換があった。アメリカの学界をみると、１９７０年以降、彼の業績が紹介されるようになる。およそ半世紀のあいだ無視したことになる。日本では波多野完治や柴田義松などの貢献により早くから紹介されていた。そしていまや、世界中の教科書にはピアジェとならびヴィゴツキーの理論が紹介されている。

5　チョムスキーの登場

20世紀後半の現代でも、発達の仮説は支持されたり棄却されたりしている。そのいくつかをみてみる。まず瞬時のうちに学界の多数派を獲得した学者の提案をみよう。マサチューセッツ工科大学のノーム・チョムスキー（１９２８－　）は哲学者で、社会運動家でもある。彼は言語学の分野で何万とあるさまざまな言語の背後には普遍的文法構造があるという仮説を提唱した。普遍的構造はどの子どもにも生得的に備わっているので、極端に複雑な言語のルールを就学前に獲得してしまう。チョムスキー自身が、自分の普遍文法の理論はプラトンのイデア論の言語への適用であると述べている。

この理論は当時一世を風靡していた仮説の対立仮説であった。それまでの学者は「子どもは真似をして言語を獲得する」と考えていた。それまでの学者の代表格がハーヴァード大学の世界的に有名な、しかも世界でもっとも尊敬された学者、スキナーである。彼は、『言語学習』という大著を著すことになっていた。その直前にチョムスキーはその原稿を手に入れ、書評のかたちで、実に簡単な議論をした。いわゆる科学的方法にもとづかない純粋な論理分析で、「本や新聞のなかの1文をとって、それと同じ文に出会う確率はなにか、0である」、つまり人間の発する文は常に創造であり、真似では説明がつかない、という議論をした。この書評がでるや、学者の多数派は説得された。スキナーが反論をしなかったこともあり、スキナー流の言語発達研究をする者はいなくなってしまった。この現象で注目すべきは、ひとりの天才学者が論理的分析だけで多数派を説得した点である。科学的方法を使わなくても、思考実験だけで多数派の説得が可能なのである。

この多数派獲得は言語の発達の分野にとどまらず、それまで優性であった行動主義にもとづく心理学の衰退と、それに対抗する認知心理学の形成をうながした。行動主義はワトソンとスキナーの貢献により、1920年代から1950年代まで学界の多数派を形成していた。「刺激と反応の連鎖つまり学習によって、人格形成・知的発達がおこる」とする仮説の検証が至るところでおこなわれていたのであった。

6　ローレンツ、ティンバーゲン、E・O・ウィルソン

この3人の学者は、すべて生物学者でありながら人間の発達学に大きく貢献している。社会的行動をする動物の研究で特に集団の維持、生殖に深く関係する適応行動の研究であったためであろう。コンラート・ローレンツ（1903－1989）はアヒル・カモ・雁などの鳥類の実験的研究で、それまでは本能とされた行動の理解を変え、精神分析学者のジョン・ボウルビィ（1907－1990）の子どもの愛着研究に貢献したとされる。ローレンツ以前には、孵化したばかりのアヒルが母親の後を追うのは本能とされていた。母親のかわりにローレンツが動くと彼の後を追うことを実験的に示し、母親を追うのが本能ではなく、孵化後に近くで動くものを追うのが本能であると主張した。個体の行動は、その発達の過程でどのような環境に出会うかで大いに変化することを示した。

動くものを追う行動は孵化後の短い期間であることから、発達の臨界期（外界の刺激が生体に及ぼす効果が最大となる時期）が提唱された。その後人間の子どもにも同種の臨界期があることがわかり、発達心理学に影響をあたえた。精神分析学者のボウルビィはローレンツの実験の発想をとりいれて、発達の初期に社会的はたらきかけなしでミルクだけをあたえられた子どもたちが、愛着障害をおこすことを示した。これは「愛着の発達には臨界期がある」とする仮説の強化となる。ある種の生物学的傾向をもっ

た生体が、環境との出会いのなかで愛着行動を構成していく好例である。

ローレンツの弟子のニコ・ティンバーゲン（１９０７－１９８８）は、師と同じく動物の適応行動を自然のなかのみならず実験によって研究し、さらに発展させた。動物の行動がどんな刺激によって触発されるのか、そのとき動物の体のなかはどんな状態にあるのか、どのような仕組みである行動がはじまるのかを、人間の感情をまじえずに、あくまでも動物の立場から研究した。つまり行動の原因の研究である。今観察できる行動とその仕組みがその個体の生涯をとおしてどのようにあらわれるのか、その個体が生きのびる上でどのような機能をもつのか、さらに、系統発生の過程で生き残りのための適応行動がいつごろあらわれるのかを考えた。遺伝子という術語があまり使われなかった時代に、これらの適応行動が遺伝子の影響を強く受けると主張した。今観察できる適応行動の原因はなにかを問うとき、進化の過程であらわれたであろう遠因についても問うことを提唱した。従来の化石を使った形態の進化の研究から、行動の進化の研究へとひろげた功績がある。現代の進化心理学の基礎をきずいたといえる。

エドワード・ウィルソン（１９２９－）はアラバマ州に生まれ育ったハーヴァード大学の昆虫学者である。子どものときから視覚障害があって、それでも観察できる昆虫の研究者になったと、自伝にある。なぜ人間の研究からはるか遠くに位置するこの昆虫学者を話題にするのか。それは発達学、特に社会行動の発達における遺伝子の役割を、アメリカではじめて彼が主張したからである。昆虫学から得た事実の一般化として、人間にもそのような遺伝子を想定できるとした。ティンバーゲンの思想を発展させ、社会生物学の創始者となり、直接にその後継ともいうべき進化心理学の発展に貢献した。アリが示す一糸乱れぬ社会行動が遺伝子によるとする仮説は、多くのひとが受け入れるところである。ところが、それが人間の社会行動の説明に使われると、当時の社会科学者たちにはとうてい受け入れられないことであった。

7　ウォディントンのエピジェネティックス

コンラッド・ウォディントン（1905－1975）はティンバーゲンと同じころに生まれ、インドで幼少期を過ごし、ケンブリッジ大学をへて、エジンバラ大学で長年研究をした発達生物学の教授である。遺伝学者のウィリアム・ベイトソンの同僚でもある。彼と同じようにアメリカの遺伝学者トーマス・ハント・モーガンのもとを訪れ、遺伝子の重要な役割について学んでいる。発達学を遺伝学とはじめて結びつけた学者である。

1942年に今までの遺伝学では説明できない現象を発見し、新しい遺伝学をエピジェネティクスと名づけた。その現象とは、ショウジョウバエの幼虫を高温状態で育てると羽のところに異常をきたし、それらを掛け合わせると、同じ異常が子どもに生じるとの観察である。遺伝学（ジェネティックス）では説明できない現象であることから、上をさす接頭辞エピをつけて、エピジェネティックスという分野を切り開いた。21世紀にはこの分野の研究が非常に盛んであるけれども、ウォディントンの死後長期間にわたって、生物学の分野で注目されることはなかった。

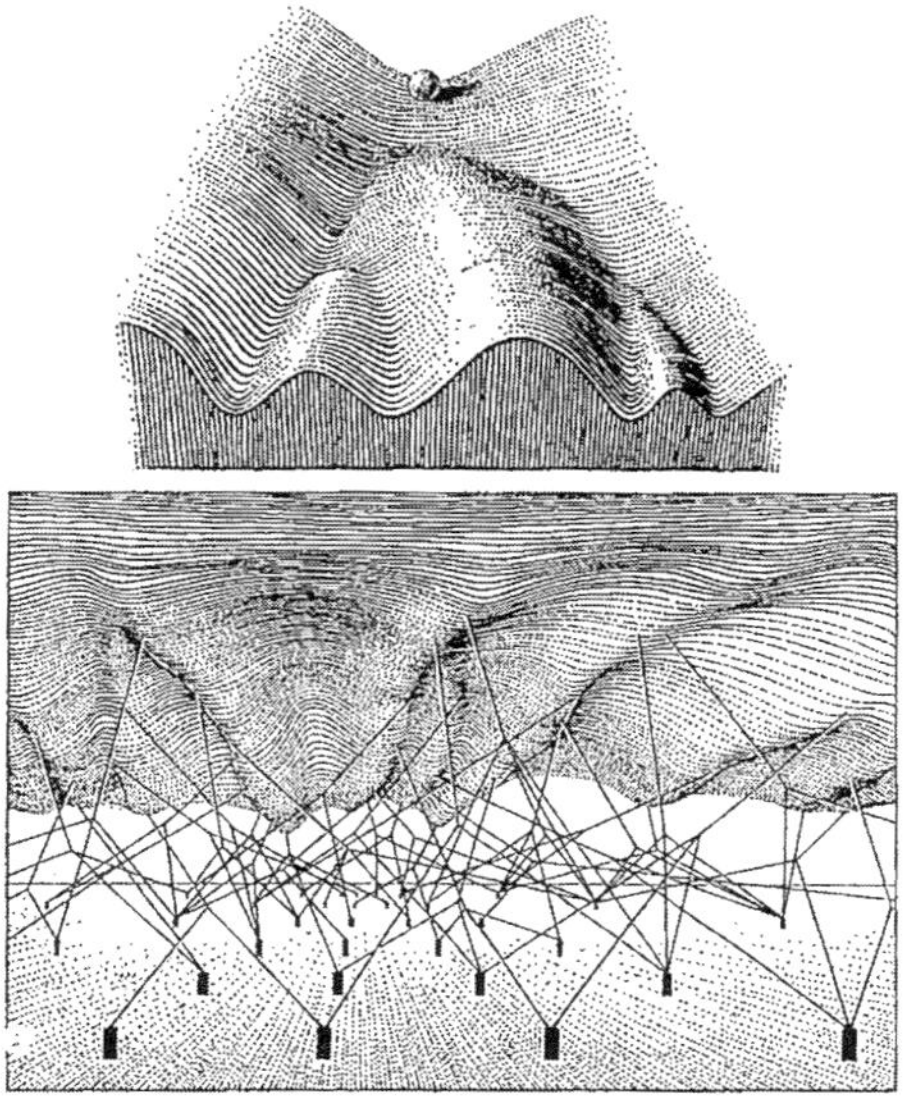

エピジェネティック地形モデル（Jablonka & Lamb, 2005, p.64）

幸いなことに心理学の分野では、彼の新遺伝学を発達に適用したエピジェネティック地形モデルが頻繁に引用されてきた。遺伝と環境の相互作用を理解するうえで視覚的に好都合だからである。地形モデルは扇形をしていて頂点から裾野へといくつもの発達の経路があり、深い谷、浅い谷、いくつもの分岐点がある。浅い谷から深い谷へ行く経路とその逆の経路もある。時間の経過は頂点からの距離で示される。ある1つの特性のすべての時点での遺伝的可能性がこの地形にあらわれている。ある特性の発現は時間をへると多様になる。その可能性は経路の数であらわされる谷が10あるとすれば、10の特性があらわれる可能性をもっている。受精卵では経路の数は0で、時間の経過とともに経路の分化がおこる。現実には当然のことながら特性の1つがあらわれる。ボールを生体に見立てて、その生体が地形モデルの頂点から裾野へと運動するとき、時間の経過とともにどの特性をあらわすか視覚化することができる。

遺伝的要因または環境との出会いによって生体のあらわす特性が変化する。これを発達の可塑性と呼ぶ。ある特性が多少の環境の違いでも常に発現するならば、経路が深く、多少の環境の違いであらわれる特性が変われば経路が浅いと考えられる。この発達の可塑性を視覚的にあらわしたのが地形モデルである。

身長という特性を例にとると、すべてのひとは受精後20年間で１ｍから２ｍになる可塑性をもっている。受精時にはこの特性は１㎜以下の値をもつ。20年後には１８０㎝になると仮定しよう。裾野のところの値は20年後の特性の値である。裾野のところでむかって右端を特性の高い値、左端を低い値をあらわすとする。身長１８０㎝の特性は右端に近いところに位置する。親から受け継いだ遺伝情報で決まっているのは可能性の範囲である。実際に１８０㎝の身長になるかは遺伝情報だけでは決まらない。胎内環境、遺伝子発現の過程、幼児期の栄養状態、薬禍、環境汚染、運動量、社会的環境など無数の要因によって、また受精後20年間のどの時点でどのような環境に出会うか、タイミングによって特性の値が決まる。

ウォディントンのエピジェネティックスの仮説は神話の時代からの発達学の論争にけりをつけ、モーガンの遺伝子研究で強化されたメンデル遺伝学とダーウィン進化学を発達の可塑性を軸に統合する快挙であったはずである。ところが発達の可塑性を軸にしないハックスレーらによる機械論的近代統合説が学界の主流となり、新しい遺伝学の継続的発展とはならなかった（ウォディントンの知的後継者である３人の発達生物学者が細胞分化の研究で１９９５年にノーベル賞を受賞し、山中教授はふつうの細胞を万能細胞にもどすことに成功し、２０１２年にノーベル賞を受賞している）。幸いなことに、心理学ではウォディントンのエピジェネティックス地形モデルが注意を引き、発達の可塑性の事実が発表されるごとにモデルの再確認があった。

8　性役割の発達は社会学習によるのか

教育者としての筆者が科学者の捏造データにもとづいた研究成果を長年教えて、悔悟の念をいだいている事件もある。それは割礼手術に失敗した男の赤ちゃんのペニスをどうするかという決断に関するものである。その分野の専門家たちがあつまって会議をひらいた。そのなかには有名な性科学者がはいっていた。当時マーガレット・ミードの文化人類学が広く受け入れられ、心理学のほうでも行動主義が優勢で、「性役割は学習によって決まる」という仮説が学界でも認められた権威ある科学的知識であった。また性役割は社会化によって獲得されるという一般的理解もあったので、この男の子を手術で「女の子」にして育てるという決断がなされた。このケースの「科学的研究」の成果は発表され、ほとんどすべての心理学の教科書で紹介された。この「女の子」は順調に女の子の性役割を獲得し、よく適応していると。

ところがこの「科学的報告」が捏造であったと、後になってから判明する。20世紀の終わりころ、このケースの全容が明らかになった。この渦中の人物は自殺未遂をへて、「男」になり、ある女性と結婚したにもかかわらず、満足できず本当の自殺をした。著名な科学者たちの判断ではじまった悲劇の結末である。あまりにも劇的なケースであったためか、「性役割は学習によって決まる」とする仮説が急激に支持を失った。学界全体としての合意はできてはいないものの、専門家のあいだでは、生後男女の区別がむずかしい場合は、子どもの本来の傾向を認めて実践的に対処する方向でまとまりつつある。性意識の発達もまた、子どもが自身で構成するという理解である。

同性愛は正常か

「同性愛は異常である」という仮説は、世界の学界ではおよそ40年前に棄却されたにもかかわらず、世界全体をみわたすと多数派の支持を得ている。これと関連する同性愛者の結婚を認めるか否かの意見は、10年をへずして大きく変わった。特にアメリカでは、選挙の争点となるや否や多数派の意見に変化がおきた。当時のオバマ大統領自身が任期中に同性婚反対から賛成に至った過程が報道されている。「同性愛は正常である」という仮説は、先進工業諸国の一般人の多数派に支持されはじめた。プラトンの『饗宴』で提出された仮説が、２５００年をへてはじめて一部の国の一般人のものになったのである。これも不思議といえば不思議である。

「同性愛は正常である」という仮説の受容は、それぞれの個人（性的少数派）がもつ特性を基本的人権として認めることである。選挙権については大多数の一般人が性愛の如何にかかわらず人権と認めるにもかかわらず、結婚については認めなかったのは、性の抑圧があったと考えられる。つまり男を愛する女と女を愛する男の２つのカテゴリーしか認めないという抑圧である。具体的には、異性愛者が享受する「幸福の追求権」を同性愛者に認めないという抑圧である。選挙権を男に認め女に認めなかった時代には、同根の性の抑圧（女には政治参加能力がない）があったのであろう。性の抑圧の歴史は、それだけでひとつの研究分野が成立するほど人類の関心事である。21世紀になってやっとこの抑圧がとけて、外性器のあいまいな赤ちゃん（男か女かさだかでない）、性同一性障害をもった子どもたちがどのような性（男か女かそれ以外か）として生きるかは、思春期までまって、その当人の判断で、希望があれば手術をするというガイドラインができはじめた。

9　生涯発達心理学はいつ登場したか

ドイツ生まれの多数の心理学者がウエスト・ヴァージニア大学に拠点をつくり、それまでのアメリカ発達心理学の見方を変える仕事をした。１９７０年代のことである。それまでは乳児心理学、幼児心理学、学童心理学、青年心理学などがあり、研究者の興味にしたがってある時期の子どもの発達を研究する伝統があった、と彼らは主張した。エリクソンの名著『幼児期と社会』はすでに１９５０年に出版され、そこにはすべての時期の発達を統合する理論が提示されてはいた。しかし、エリクソンの理論は抽象的で、理論のための理論という印象をぬぐえず、エリクソン自身がその理論のための実証的研究をすることはなかった。その意味で、エリクソンは臨床データにもとづいて生涯発達理論をつくり、ウエスト・ヴァージニア大学でワーナー・シャイエとポール・バルテスが中心となって、実証研究をともなった生涯発達心理学をつくったといえる。実証研究によって明らかになった事実は、エリクソンの理論の強化にも役立った。とはいえシャイエとバルテスの仕事を理論と呼ばないのは、それまでの理論のよせあつめの性格が強いからである。あくまでも実証研究での貢献であるのは、シャイエの集大成の著作を読むとすぐに納得がいく。

バルテスとシャイエの最大の貢献は、（1）世代によってわれわれの特性が変わること（これは世代効果と呼ばれる）、（2）同じ世代のなかでは、ある特性は上昇しほかの特性は下降することを数字で示した点にある。すでに19世紀に「時代精神」ということばがあることから、時代によってひとびとの精神の内容が変わる事実は一般に受け入れられていた。その事実を心理学の分野で具体的にどう変わるかを示した最初の研究が、ウエスト・ヴァージニア大学から発信されたのだった。その枠組みは、それまでに考えられていた年齢に特有な変化因にくわえて、歴史に特有な変化因をもくわえたものである。それはたとえば世界大戦、コンピューター革命、学校教育の普及、栄養状態の改善などのできごとで、すべてのひとが影響を受ける。世代の違う同じ年齢のひとびとの成績を比較することで、生まれた年が後であるほど、ひとびとの特性がよくなることを明らかにした。たとえば１９５０年に生まれた１０００人のひとたちの10歳のときの心理テストの成績と、２０００年に生まれた１０００人のひとたちの10歳のときの心理テストの成績をくらべると、その差は歴史のどの時点で生活したかで説明できる。シャイエとバルテスは50年といわず、生まれた年が7年違うだけでも、知能テストの点数で差が出てくることを示した。また同じ知能のなかでも、語彙は年齢とともに点数が上がり、スピードでは下がることなども示した。こうして綿密な研究方法を使って、「異なった特性は異なった速度で発達し、異なった速度で減退する」という仮説が支持された。この仮説自体は人間の体の器官の発達と減退をみるかぎり自明のもので、新味はない。受精卵の発達についてみたとき、この原則を述べておいた。しかし思春期をすぎて数十年をへても上昇し続ける特性があるとの事実は新鮮味があり、生涯発達心理学の教科書で中心的なテーマのひとつとなった。

10　ヒトゲノム計画の実現でなにがわかったか

メンデルの遺伝学説の発表から30年間、メンデルの名が引用されることはなかった。ところが1900年に、3人の生物学者によって独立に、メンデルの法則が確認された。メンデルの遺伝学をひろめる役を演じたケンブリッジ大学のウィリアム・ベイトソン（1861－1926）がアメリカのコロンビア大学のトーマス・モーガン（1866－1945）を1907年に訪れる。モーガンが発生学の分野で津田梅子の指導教官をつとめていたころから数年後のことである。最初は半信半疑でメンデルの業績を聞いていたモーガンは、ショウジョウバエの交配を続けているうちに、ある種の特性がほかの特性とともにあらわれることを発見した。たとえば白眼はオスのみにあらわれる。こうして遺伝子が染色体上にあることをつきとめ、どの遺伝子がどの染色体に位置するかのモデルをつくりあげて、メンデルの遺伝学を飛躍的に発展させた。同時に発生学と進化学の分野で遺伝子のはたす役割が大きいことを明らかにし、メンデルに続く遺伝学の3大M天才のひとりとなった。もうひとりのMはバーバラ・マクリントック（1902-1992）で、後述するエピジェネティックスの理論への貢献で有名である。

ヒトゲノム計画（英語ではヒューマンジーノム・プロジェクト）は、ヒトのすべての遺伝子がどの染色体の上にあるかをつきとめる仕事である。まさにモーガンの業績をきっかけにしている。モーガンがベイトソンに会ってから90余年で、プロジェクトは完成をみる。生命科学にたずさわる研究者もマスコミも、すべての遺伝子の解読ができれば、病気の確率も予測でき、成長と発達のすべての疑問が解消される、と大いなる期待をいだいていた。ところが、いざすべての遺伝子が解読されると、期待していたものがほとんどなにも得られなかった。理由は簡単で、遺伝子の発現がメンデルの法則のように単純明快にははたらかないからである。遺伝子情報がすべて明らかになっただけでは、病気の予測も、発達のしかたも解明することができないことが、いっそう明確になった。

ヒトゲノム計画の完了は、その先端で活躍した学者たちの予測を裏切ることで、新たな革命をもたらした。いわゆる遺伝子決定論者たちは、このプロジェクトの完成以前には大いなる期待をもって数々の論文を出版していた。プロジェクトの完成で得た最大の成果は、遺伝子の数である。それ以前は10万か5万かといわれていた。予想を裏切って、その数は2万2000ほどと、少なかったのである。発達心理学では遺伝子決定論者の勢いがそがれ、フロイト、ピアジェ、ヴィゴツキーなどに共通する構成主義者の伝統が再興する。限られた分野をみると、発達に関する見解の180度の転換があった。

11　エピジェネティックスの再登場はなにを意味するか

エピジェネティックスとは、遺伝子の配列が不変であっても遺伝子の発現により特性が変化する過程を研究する遺伝学である。この仮説の再登場のはるか以前に、マクリントックは遺伝子が染色体上を移動し、そのことにより観察される特性が変わることを示した。21世紀からみると革命的発見であるにもかかわらず、メンデルの発見と同じように、長期間にわたって広く注目されることはなかった。発見から数十年してから認められ、ノーベル賞受賞となる。遺伝子が同じでもその位置が変わると特性が変わるという、エピジェネティックスの原則に合致した発見であった。遺伝子に突然変異があったときに個体の特性が変化する事実は、20世紀初頭すでにモーガンが明らかにしている。「遺伝子の発現しだいで発達が決まる」という仮説は、すでに1942年にウォディントンがエピジェネティックスの仮説できちんと主張していたにもかかわらず、なぜ半世紀以上も理解が進まなかったのであろうか。

熱ショックを受けたショウジョウバエの羽の異常が次代に受け継がれるというのは、当時の遺伝学では説明不能であったとすでに述べた。ウォディントンは遺伝的同化と名づけたものの、それを説明する分子生物学的知識をもちあわせていなかった。新しい遺伝学である21世紀版のエピジェネティックスでは、遺伝子のまわりにある有機分子からなる物質が、メチル基と結びついて遺伝子の発現を決めることが解明された。分子生物学の進歩が、ウォディントンの再評価に大きく貢献している。

また遺伝子決定論を発達にあてはめた「前成説」をふりかえってみよう。アニマルキュールやホモンクルスのかわりに、受精卵のなかに2万2000個の遺伝子があるとみれば、その遺伝子がたんぱく質をつくり、体の成長を決定すると考えるのは妥当である。ホモンクルスの微小な目をつくるたんぱく質の合成を決める遺伝子群が受精卵のなかにあり、同じようにすべての微小器官をつくる遺伝子群があると考えるならば、「受精卵のなかの遺伝子がすでに成長の過程を決定している」とする遺伝子決定論は「前成説」とさほど変わらない。「前成説」は、新たな装いをすれば多くの学者をひきつける「遺伝子決定論」として登場できたのだ。この仮説が優勢であるかぎり、対立仮説のエピジェネティックスは日の目を見ない。

エピジェネティックスの再興は、ヒトゲノム計画の進行と同時におこった。エピジェネティックスとは遺伝子の発現についての学で、遺伝子と特性が1対1で対応するとする仮説の対立仮説を構成する。遺伝子の発現には遺伝子をとりまくクロマチンという有機分子が作用し、細胞分化、発達、進化などの変化に重要な役割を演ずることが明らかになった。これは従来の遺伝学では説明できない事象である。

エピジェネティックスの仮説で説明できる事実は多数あり、その多くは発達の可塑性を説明する。たとえば血管を形成する遺伝子をみると、その同じ遺伝子が異なる時間に血管の成長と血管の硬化に貢献する。一見正反対に見える特性が、同じ遺伝子の発現で説明される。マクリントックが示したように、同じ遺伝子をもったトウモロコシの粒の色が変化する事実もある。1つの遺伝子の表現は1つの特性にかぎられない。また、一卵性双生児であってもまったく異なる特性を発現する事実は、従来の遺伝学では説明できないが、同じ遺伝子がある環境との遭遇で異なる特性を発現するとするエピジェネティックスの仮説で説明できる。1つの遺伝子が左右の指の指紋を決めるのに、右手と左手の指の指紋をみると微妙に異なっている。遺伝子決定説では、この微妙な違いが説明できない。1匹の三毛猫からクローンをつくっても、三毛猫の毛の模様は再現できない事実も、遺伝子決定説では説明できないが、環境との相互作用を記述するエピジェネティックスの仮説で説明できる。祖父母の時代の経験の効果が孫の世代で発現するという事実も同様である。ヒトの遺伝子とヒト以外の霊長類の遺伝子は99パーセント共通であっても両者に大きな違いがあるのは、共通の遺伝子が発現する時期が異なるからであると、エピジェネティックスの仮説は説明する。

この新しい遺伝学が発達に適用されると、古来魅力があった「前成説」に対抗する「後成説＝エピジェネシス」の最新版となる。後成説のエピジェネシスは発達についての仮説であり、エピジェネティックスは遺伝学の仮説であるにもかかわらず、発達を考えるときには両者は合流する。最新遺伝学の知識が「私」の発達の理解を助けることを、次にみてみよう。

12　歴史的存在としての「私」の形成とはなにか

受精からはじまる成長と発達のすがたを語るときには、いたるところで本章で展望した科学的な主要な仮説にふれざるをえない。それぞれの仮説は、将来構築されるであろう発達学の理論の部分を構成するはずである。発達のはじめに、「私」はどこにいたのか。前成説ではピタゴラス版でもハルトゼーカー版でも遺伝子決定説版でも同じように、「私」は初めからあった。前二者では父親の体液のなかに、遺伝子決定説版では父母の遺伝子の合体のなかにあったとする。その対立仮説の後成説では、「私」は初めからあったのではなく、あとから徐々に形成されたとする。古典的後成説では、その過程の説明に困難があった。いかに分化がおこるのか、遺伝子発現の仕組みが不明だった段階では、適切な説明ができない。

エピジェネティックスの仮説では、その形成される過程を遺伝子の発現過程としてとらえる。それはわれわれの体の構成と心の構成を歴史的にみることであり、われわれの特性は個人のなかで変化するばかりでなく、歴史を反映し、世代ごとに新たな特性をつくりあげる。あとから徐々に形成されるというのは、歴史的存在としての「私」が新しい環境のなかで新たな自己を形成することである。アナクサマンドロスの進化学でもラマルクの進化学でもダーウィンの進化学でも、この歴史性は強調されている。[注]

歴史的存在としての「私」の形成の過程でもととなるのは、遺伝子の発現である。発現の過程では、自己の自発的行為（ラマルク、ダーウィン、ルソー、ピアジェ、スキナーなどの仮説）、環境との偶然の出会い（ラマルク、ダーウィン、パブロフ、スキナー、ワトソン、シャイエ、バルテスなどの仮説）、象徴機能

注　マルクスが資本論の出版のさいにダーウィンに言及したように、歴史的な見方——唯物史観——は進化学に基礎をおいている。マルクスはヘーゲルから歴史の重要性を受け継いだとすれば、ダーウィン以前にも精神の歴史性は提唱されていたことになる。

の獲得（ピアジェ、チョムスキー、ヴィゴツキーなどの仮説）、初期体験（ロック、ルソー、フロイト、ローレンツなどの仮説）、文化との出会い（ヴィゴツキー）、性意識（フロイト）、家族内葛藤（フロイト）、飢餓、戦争体験、出生前の薬禍、その他さまざまな時代に特有な体験（シャイエ、バルテス）が役割を演ずる。同じ環境との出会いをしても、発達の時期が異なれば同じ効果を生まない。同じ体験をしても、それは生命体のその時々にもっている特性によって異なった効果を生む。初期経験の重要性とともに、偶然の出会い、つまりタイミングの重要性が、新しい発達学の鍵となる。

ギリシャ哲学からはじまる経験論と観念論の哲学的伝統では、構成論の出現である種の統合をみた。発達学では、個人の経験と個人が生命体としてもつ特性の出会いを最重要視するエピジェネティックスがその統合の役を演じる。21世紀にわれわれが遭遇する世界は歴史の結果であると、誰もが理解している。必ずしも誰もが理解しないのは、われわれ自身、つまり生命体としての「私」もまた、歴史の結果であるという点である。なんども言及したように、生命体としての「私」は、受精以来さまざまな文化的社会的環境に遭遇した歴史的存在であるばかりでなく、「私」の両親、祖父母、曾祖父母の生活環境を背負った歴史的存在でもある。歴史的存在である「私」が歴史のなかで自分を形成する過程を記述するのが発達学の課題である。「変化の学」としての発達学は、歴史を最大限にとりいれることと環境との出会いを重視することで、21世紀の発達学となる。「私」は受精のときにあったのではなく、受精までの歴史を背負いながら、環境との出会いを通じて、不断に自らを構成する存在である。

13　まとめ

このように歴史をふりかえると、「発達」についての科学的仮説が時代によってしばしば１８０度転換し、転換する前後の科学者たちの知識がきわめて流動的で不確実であることがわかる。転換のきっかけとなるのは、天才学者の「つぶやき」によることもあるし、科学的観察をともなった証拠の提示による場合もあるし、学者をふくむ一般人が科学的仮説をもっとももなものとして受け入れる場合もある。いずれの場合でも、科学的知識が転換するのは、ある仮説が学界の多数が認める仮説となるときである。多数派が仮説を支持しないかぎり、その仮説は権威ある科学的知識とはならない。残念なことに、学界のごく少数派による異端仮説が２００年以上も日の目をみないこともある。20世紀後半になっても、異端仮説を唱えた天才が根拠のない誹謗中傷を受けたり、身体的被害を受けたりすることさえあった。

たとえ学界の権威ある知識が形成されたとしても、一般のひとびとがそれを受け入れないかぎり、その知識が次の世代に伝わらない。だが学校や教科書を通さずに、子どもたちが個別の学者の著作から直接権威ある知識を獲得するのは可能である。特に古典といわれる知識の宝庫には、誰でも接することができ、歴史の教訓を得ることができる。それは、これから研究者になろうとする若いひとたちが、神話のみならずギリシャ自然哲学に由来する科学の歴史を学び、人類の遺産としてなにが重要であるかを、学界の権威に染まる前に理解することである。ただしいったん研究者になってしまうと、日常の生活は科学的文献の古典に親しむ機会を奪いがちである。日進月歩の研究成果に目をとおし、自分の研究を進め、有名な学会誌に論文を発表し、学生の指導をし、さらには雑務がある。雑用に忙殺される日々である。今日という時間は明日の仕事のための準備に使われる。思考の放棄があるために、自分で考えることをやめ、大勢に迎合する傾向がある。そのような状況を考えるならば、歴史的展望でみたように、確固たる古典的知識への無関心もよく理解できる。しかし本書に出会うならば、少なくとも歴史に残る主要な仮説だけは記憶にとどまるであろう。

歴史に残った主要な仮説は、将来提案されるであろう発達学の部分を構成することになる。部分となる仮説と仮説の関係をまとめるのが、将来の課題である。本書での課題は重要な仮説の選択である。もっとも重要なのは、われわれの今もっている発達の知識が歴史の結果であり、知識は2000年以上のあいだ紆余曲折をへて、人類の遺産となっていることと、ひとりの人間の発達も試行錯誤をへて、不断に自己を構成する作業であることである。本書はこの知識の歴史的構成仮説と個人の自己構成仮説を軸にして、どの教科書にも書いてある研究結果をまとまりのある発達学へと再構成することをめざしている。受精卵、新生児、乳幼児期と総合的に紹介し、そのあとは愛情、知能など、ふつうにあつかわれる分野ごとに発達学の仮説を論ずる。

受精から死までの私たちの発達は、発達とは一見関係のない領域の新しい遺伝学にもとづいて、新たな意味づけをあたえられた。発達とは歴史的文化的存在としての生命個体が歴史のなかで新たに形成される環境に出会うたびごとに、自身の体と心を再構成する作業である。このことを念頭においた発達の理解が本書の目的である。

次章では、生物学的存在であるヒトの受精卵を考えてみる。そこにはヒトの生物学的遺産がつまっている。38億年ともいわれる生命の歴史的遺産を受け継いでいる受精卵、ネアンデルタール人という50万年以上も前の「原人」の遺産も受け継いでいる受精卵、また祖父母の生活経験の影響下にある受精卵、外界の影響を常に受けそれに対応する胎児の成長、双子の場合の闘争の様相、記憶の成立、味覚の嗜好の成立など、今までの心理学ではあつかわれなかったトピックについて紹介する。

ダーウィン進化学をこえるのは可能か

ダーウィンは、生物の世界の変化の法則を実にみごとな原理で説明した。その原理とは自然選択と性選択であり、同じ原理が生涯発達にも生きることをこれからくりかえし学ぶことになる。生物の世界では、この原理なくしてなにものも理解できない。

では、そのほかの世界をふくめて進化を理解する枠組みはあるのだろうか。ほかの世界とは地質の世界と知性の世界である。地質の世界とはビッグバンにはじまり、銀河系の生成、太陽系の生成、地球の生成、太陽系の死におわる世界である。生物の世界が38億年前にはじまる以前には地質の世界のみがあった。地質の世界でのあるできごとが生物の世界のはじまりとなった。原始生命体の誕生である。それから生物の世界はおよそ38億年続いている。知性の世界とはホモサピエンスの登場とともにはじまったとされ、歴史のところでみたように、ギリシャ哲学がはじまったころに、世界の四大文明圏でまとまりのある小さな知性の世界が形成された。印刷術のおかげで15世紀になると知性の世界が多くの教育を受けたひとびとに共有されるようになった。21世紀になると、この知性の世界は地球上の大多数のひとびとによってインターネットをとおして共有されるようになった。もっとも壮大なる進化の視点では、生物の世界だけではなく、地質の世界でも知性の世界でも進化が進行中である。

この3つの世界を意識の上にのぼらせ、ダーウィンの枠をこえたのは、ロシアの学者ヴラジーミル・ヴェルナツキー（1863－1945）とされる。地質の世界の進化がなければ生物の進化は不可能であり、生物の進化のおかげで炭酸ガスが多量に放出され地質の世界が変化をこうむる。温暖化が進むと両極の氷が溶け水位が上がり、大規模気候変動がおこり、海岸線が侵食される。その結果生物の生息地域が変わり、あるものは絶滅する。このような例を20世紀なかごろに世を去ったヴェルナツキーはみなかったけれど、21世紀に生起するできごとを理解するための枠組みを提供していた。ヴェルナツキー自身は核物理学の成果をみて、知性の世界が生物の世界ばかりでなく、地質の世界をも変えていくことを確信したとされる。

この視点から生涯発達をみると、21世紀に進行する知性の世界でのデジタル革命がひとびとの生活を根底から変えてしまうことがわかる。知性の世界が地質の世界を変えてしまう例を上にみた。知性の世界はわれわれ生物の世界をも、今考える以上に変えてしまう。研究者の生活では情報の伝達速度の高速化で、情報の共有されるしかたも速度も変化し、研究進歩が加速度的になる。大学の授業では学生のほうが最新情報をもつことが多くなる。研究者交流も配偶者選択の範囲もインターネットで極端にひろがる。遺伝子組み換えや受精卵の遺伝子操作である種の病気の根絶ができる。人工知能がはたらいて、人類の予想しない方向にわれわれが突き進む可能性もある。本書の枠組みでは、これらは文化進化のテーマにふくまれ、知性の世界による生物の世界と地質の世界への挑戦となる。

第3章　受精卵の成長と発達

受精卵は、すべての人間の出発点であるとされてきた。もともと単細胞の生命体が細胞分裂と細胞分化をへて、小さいながらおとなと同じ形で同じ臓器をもった赤ちゃんになる変化の過程を記述するのがこの章の目的である。この記述の学を胎児発達学と名づける。

胎児発達学では、細胞分化の過程をエピジェネティックスの仮説によって説明する。ギリシャ時代から続く論争では、これは前成説か後成説で説明されてきた。20世紀には遺伝子決定説が前成説の近代版として生まれ変わり、この変化の過程を遺伝子のはたらきで説明した。19世紀末のドリーシュの実験で進歩をとげた後成説は、その実験結果を説明するのに困難をかかえていた。それから約1世紀をへて、この実験結果を説明できる胎児発達学が出現する。それによると、細胞の分化は細胞のなかでおこり、細胞どうしの交信をへて、ときには細胞集団が他の細胞のはたらきを変えながら発達がおこるとする。ドリーシュが示したように、すでに分化してしまった細胞を異なる細胞集団のなかに移植すると、その環境が分化してしまった細胞をプログラムしなおすことがわかった。遺伝子が発達を決めるのではなく、細胞集団が他の細胞の遺伝子のはたらきを決めるとする視点である。細胞のなかに発達の原理をみるのが、胎児発達学の特徴である。

この新しい視点は、自分がいつ形成されたかの問いと密接に関係している。「赤ちゃんはどうやってうまれるの」と質問したある子どもが、卵子と精子の合体の説明のあと「受精卵が君のはじめ」だと言われたとき、「よくわかった、でも、どうやって僕はその受精卵のなかに入ったの」と聞いたという。この問いに答えを提供できるだろうか。子どもにすぐに理解できる「前成説」では、「受精卵のなかにあとから入った」のではなく、最初から君は眼に見えないほど小さい「君」だったのだ、とするのが答えである。17世紀の前成説ではなく、最近のＤＮＡの一般知識によると、「君」を形成するすべての情報が２万２０００個の遺伝子のなかにもともとあった、とする答えもある。遺伝子決定説である。両者とも、基本は２５００年前のピタゴラスの前成説と大きく変わることはない。どちらをとっても、「君」はもともと存在していたということだ。はたしてそうだろうか。自分はどうやって「私」となるかという私たちの最大の問いを、受精卵の発達をみることで整理し、部分的な回答を試みる。回答が部分的であるのは、生まれた後も「私」の形成は続くからである。

1 受精卵の発達を説明する仮説

リチャード・フランシスの『エピジェネティクス 操られる遺伝子』によると、第二次世界大戦末期、1944年9月のドイツ軍によってひきおこされたオランダの飢饉による影響が、次世代ばかりでなく、第三世代にまで影響したという。正統派遺伝学ではまったく理解不能な事実である。それは次のような事実である。飢饉のために母親は極度の栄養失調となり、当然のことながら、子どもは死産か低体重児として生まれた。低体重児として生まれた子どもたちの成長記録があって、成人すると、高血圧、糖尿病、心臓病など、いわゆる生活習慣病にかかる率がそうではない子どもたちにくらべて高かった。父親母親が喫煙とか放射線などを浴びる経験を重ねると、体細胞の遺伝子にメチル基という分子が蓄積するが、その蓄積は次代形成を機に消失するのがふつうである。ところがある種の飢餓というストレスに遭遇すると、それが受精卵にまで伝わる。その事実を説明するエピジェネティックスの概要が、このフランシスの本の主題である。

新しい遺伝学、エピジェネティックスでは、1つの遺伝子は一定の性質を表現するのではなく、細胞のレベルで、細胞どうしの交信をへてたんぱく質を合成することで、その遺伝子の表現をする。細胞の種類は2000ほどといわれているが、どの細胞にもつまっている2万2000の遺伝子は大部分が不活発である。少数の遺伝子か1つの遺伝子が1つの細胞のなかで活発となって、その細胞の種類に固有のたんぱく質を合成する。言いかえると、少数の遺伝子が細胞の種類ごとに異なるはたらきをし、異なるたんぱく質の合成をする。細胞のなかの遺伝子が発現し、対応したたんぱく質の合成をし、まわりの細胞と交信しながら、細胞の分化をうながす。こうして異なる器官が形成されるのである。

2　胎児プログラミングとはなにか

新しいエピジェネティックスを胎児の発達にあてはめたのが、胎児プログラミングの仮説である。「多細胞からなる胎児は、その時々の環境に応じて将来を見通しながら不断に適応する」という仮説である。「受精卵のなかの遺伝子が発達を決定する」とする仮説の対立仮説である。１９４４年の飢餓事件に立ち戻ろう。栄養失調で生まれた子どもたちは生活習慣病になりやすかった。その子どもたちの子どもも、同様にその傾向があったという事実をみた。

自己形成の最初は、細胞の分化と、分化した細胞の分裂による臓器の形成である。神経系、内臓、骨格が細胞分化を通じて形成される。その形成のさいに重要なのは、生命体が自己保存と種族保存の原則にもとづいて自己の資源を分配することである。すべての器官が同じように形成されるのではなく、その時々の資源のありように応じて器官が形成される。異なる器官は異なる速度で発達する。それぞれの器官と密接に結びついている能力も同じである。異なる能力は異なる速度で発達する。

胎児プログラミングの仮説によると、胎児が栄養不足に直面すると、胎児はそのときにあったプログラムの変更をする。今栄養が不足であることは将来も不足である可能性が大きいから、それに応じて、自分の器官の形成を適応的にする。自分にとって一番重要なことは子孫を残すことであるから、限られた資源をそのための器官形成にまわし、それ以外の器官には生存に必要な程度にのみ資源をまわす。心臓、血管、すい臓などは二次的であるから、資源をまわさない。その結果は生後何年もたってから、性的早熟と生活習慣病（心臓病、高血圧、糖尿病）の発病というかたちであらわれる。

胎児プログラミングの仮説は、より一般的な仮説、「生命体はその時々の状況に応じて適応行動をする」の特殊例である。適応行動ははじめから決まっているのではなく、後から後へと新たに構成される。生命体自体が変化し、同時に環境も変化するばかりでなく、環境との出会いにはタイミングがある。タイミングによって適応行動が変化する。適応行動の変化により発達の経路の選択が異なってくる。発達の経路は無数にあって、その時々の生命体としての状態、どんな環境に遭遇するか、いつ遭遇するか、それにどう反応するかにより、それぞれの生命体の発達のすがたが決まる。生命体としての状態も環境も刻々と変化するために、ある生命体がどんな選択をするかは知りがたい。

エピジェネティックスの仮説にもっとも強固な科学的証拠を提供しているのは、受精卵の発達研究である。受精卵の適応行動の研究分野では、人間が極端な環境のもとで異常な適応をして発達したケースを、哺乳類の被験体を使って同じことがおこるかどうか検証が可能であるからだ。乳児期から老年期の発達研究では、まだしっかりとした科学的証拠は出されていない。そのため、誕生以降の発達研究の記述では、エピジェネティックスの仮説と矛盾しない科学的証拠の紹介にとどまる。

3　精子にはどんな特徴があるか

受精卵がわれわれの発達の出発点であるとしても、受精卵の誕生に不可欠の生命体であり、受精以前に長くとも3日ほどの命のある精子の性質を知ることは発達を理解するうえで欠かせない。精子は自己保存と種保存の原則で活動する。精子はX染色体をもつものとY染色体をもつものが半数ずつある。卵子はすべてX染色体をもつ。それゆえ、子どもの性を決めるのは父親である。X染色体をもつ精子はY染色体をもつ精子にくらべ運動速度が遅いけれども、長命である。X染色体はY染色体にくらべて大きいので、重く、運動速度が遅いのである。精子の大きさからみれば、遠距離に位置する卵子のところまで先に到達するのはY染色体をもった精子である。そのために、受精時には女児100にたいして男児120～130の受精卵があると推定されている。150という推定値もある。実際に出生するのは、女児100にたいして男児105～106であるから、38週間のあいだに多くの男児の生命が失われる計算となる。流産の生命体の性は男である場合が多い。通常認識される流産と異なり、着床に失敗するケースは誰にも気づかれないでおこるので、受精時の男女比の推定はむずかしい。

成人男子と成人女子の運動速度と寿命をみると、統計による平均値では運動では男子のほうが速く、寿命では女子のほうが長い。XかYの染色体で決まる性別の特性の違いが、性別が生ずるずっと以前、精子の段階での特性の違いと不思議に一致している。そのほか男子の病気の頻度も女子にくらべて高い。一般の固定観念では強いとされている男子は、男子となる潜在的生命体の段階（Y染色体をもつ精子の段階）でも、その後の受精卵の成長から寿命までをみるかぎりきわめて脆弱なのである。男子となる潜在的生命体は、その高速遊泳のために卵子にはやく到達することだけがすぐれている。

ひとりの男性が生成する精子の数は兆の単位をこえる。天文学的数字である。これにたいして、ひとりの女性が生成する卵子の数は年間約13で、生殖期間を18歳から38歳と仮定すると２６０となる。なぜこれほどまでに数の差があるかというと、精子は卵子の位置を知ることができないので、途方もない数で卵子との出会いを可能にするのだといわれる。精子は、その生成者の年齢とともに劣化する。減数分裂で23本の染色体をもつはずの精子が、ときに24本となる。その精子が卵子と合体すると父親由来のダウン症（通常46本の染色体をもつのが1本多い47本あることによって特徴のある顔つき、知的障害をともなう）の出現となる。また喫煙、薬禍、環境汚染、アルコール、X線、放射線などの影響を受ける。加齢とともにこれらの影響は蓄積されるので、複合的影響をあたえる。精子だけでなく、卵子も同じく複合的影響を受ける。

4　受精卵とはなんだろうか

受精卵は、母親の子宮の上の左右にある卵巣という器官から排出された卵子が父親の精巣から排出された精子を受け入れ、ファロ一ピウス管というチューブのなかで合体した結果できる1つの細胞である。この細胞は成人になりうる生命個体であって、精子や卵子のような単なる瞬時を生きる生命体ではない。卵子の大きさは直径70ミクロンで、英字新聞のピリオドと同じくらいであり、肉眼で見ることができる。他方精子の大きさは2〜3ミクロンで、肉眼では見ることができない。とはいっても、平均的な体細胞にくらべると10倍くらい大きい。卵子に受け入れられない精子はいくつもあり、それらは卵膜の外で生命を断つ。卵子がたった1つの精子を選択するありさまはそのまま顕微鏡で観察できる。イラストでは多数の精子が卵子の膜をつきぬけようとしている時に一つの精子だけが膜をつきやぶる瞬間をとらえている（口絵1）。ダーウィンによる性選択説は女性の側の選択をいい、その説どおりの事実を誰でも観察できる。卵子を女性的なもの、精子を男性的なものと仮定するならば、女性の側が選択しているように観察できる、という意味である。

受精卵には、母系の23本の染色体と父系の23本の染色体がからみあっている。染色体には番号がつけられ、同じ番号（1から22）の染色体同士がからみあっている。23番目は性染色体XとYと呼ばれ、それらがからみあっている。母系の23個の染色体はどこからきたかといえば、それは母親の母親と父親がそれぞれ23本ずつの染色体を母親に伝え、46本の染色体（2万2000の遺伝子からなる）をもらった母親が、卵巣のなかで23本ずつに分けて卵子になったのである。精子の場合も同じで、精子になるときに23本の染色体を受け継ぐ。このように染色体上には、同じたんぱく質をつくる母方の遺伝子と父方の遺伝子が対になって並んでいる。たとえば目をつくる遺伝子は母方からきたものと父方からきたものが対になっている。

1つの受精卵のなかには46本の染色体のほかに、ミトコンドリアという母親ゆずりの小器官がある。エネルギーのみなもとである。父親ゆずりのミトコンドリアは受け継がれない。母親ゆずりのミトコンドリアには遺伝情報がふくまれていて、その情報で先祖を探し出し、母親の原型、つまり現世人類の祖先となる母親をつきつめることができる。

エピジェネティックスで最近明らかになった事実に、X染色体の不活性化がある。前述のように女の子は父親と母親から、それぞれ1本のX染色体を受けとる。ところがその2本がともにはたらくことはない。どちらかが不活性化してしまう。片親の性染色体上の遺伝子の発現のみがあるということがわかってきた。X染色体上にある両親の遺伝情報は、平等に女の子に受け継がれるわけではない。どちらの親の染色体を受け継ぐかは、偶然に決まる。色覚障害のような伴性遺伝をする病気の場合は、対となった遺伝子のうち突然変異をしていないほうの遺伝子がはたらくので、女児の色覚障害発現はまれである。

受精卵のもつ歴史的遺伝子情報

46本の染色体のなかの遺伝子は、原始生命体からはじまる生命体の歴史を背負っている。遺伝子がどこからきたか、今研究で明らかになっている。10万年前の人間と私たちはほぼ同じ遺伝子をもつといわれている。もし氷河のなかに10万年前の凍死した人間が発見されて、その遺伝子を使ってクローン人間をつくったとすると、その人間と現代人は子どもをつくれるということだ。このホモサピエンスは20万年前にアフリカで出現し、その一部が10万年前にアフリカを出たとされる。

50万年ほど前にヨーロッパに住んでいたネアンデルタール人と南シベリアに住んでいたデニソバ人は、10万年前には絶滅し、われわれとは血のつながりのない種とされてきた。ところが21世紀になって、化石から遺伝情報を復元する技術が開発されて、それぞれの人種がどれだけの遺伝子を共有するかがわかってきた。先祖をふくめてこの10万年ほどアフリカを出たことのない人々とは共有率が0で、アフリカ以外の土地に長く住む祖先をもつひとびとはネアンデルタール人と1～2%の遺伝子を共有し、さらにアジアの土地に長く住むひとびとはデニソバ人と1%前後の遺伝子を共有する。

「私」はいつ形成されたか。「私」は、受精のときに存在したといえるが、それよりもはるか以前、太古の昔アフリカに数百万年過ごし、10万年前にアフリカを出て、ネアンデルタール人と混血し、アジアの地域に数万年住んだ先祖の子孫としての「私」も存在する。ナショナルジオグラフィックスほか営利を目的とした会社が祖先の遺伝情報の分析のサービスを行っている。

受精卵の成長——最初の8週間の事実

20世紀までの理解によると、父母の遺伝情報を受け継ぎ受精卵がいかに成長するかは、２万２００００の遺伝子が指令を出して決まる。遺伝子のプログラムにしたがい、受精卵は2、4、8、16、32、64、１２８・・・と分割する。この段階では、個々の細胞は幹細胞といわれ、まだ未分化であるから、どんな細胞にもなれるし、細胞を分離すれば個体として成長することもできる。

その後、受精卵は子宮の壁に着床し、胎盤を形成し、母親から栄養分を摂取できるようになる。受精卵は羊膜に覆われ、羊水のなかで外界のショックから守られて育つ。羊水の成分は海水の成分とほぼ同じで、ヒトは海洋生物としての性質を今もそなえている。胎盤は受精卵の成長の産物で、母親の一部ではない。母親の血液と子どもの血液は交わらず、胎盤を通して栄養物の転移がおこる。受精卵に必要な資源、酸素と栄養物は、胎盤を通じて入る。排泄物も胎盤を通して排出される。有害なウィルスも胎盤を通過する。胎盤に付着してから栄養資源が母体を通して入り、細胞の分化がはじまる。受精卵の体重がはじめて増加に転ずる。

１２８の多細胞となったとき、円形だった受精卵は一か所でくびれ、そのくびれが内側に伸びて、反対側の受精卵の端に行き着き、紐のような細長い生体となる。その中心に細長い神経細胞が形成される。受精卵の外皮は皮膚となるが、その皮膚層が中へと入り込むことにより、脊髄と脳からなる神経系ができる。神経チューブと呼ばれる組織で、このチューブが完全に閉じないと、開いた部分から神経が露出し、脊椎破裂という病気になる。脳の部分が球形となり、ほかの部分は依然として紐のような形状である。皮膚が内に入り込むことで脳となるので、両者は親類関係にあるといえる。その後、この細長い個体が3層に分かれ、神経細胞をつくる層と筋肉と骨格をつくる層、内臓をつくる層が形成される。内臓のなかでも心臓が最初にあらわれ、頭部に近いけれども少し離れたところに位置する。この段階では頭部、心臓の原型、尻尾が観察可能である。細胞分化、器官の分化の最初である（口絵2）。

そのあとは、遺伝子のはたらきにより、それぞれの層でいっそうの分化がおこる。受精後4～5週目に、受精卵は5㎜の大きさに成長する。尻尾もある。5週目で鼻口口蓋が分化する。このとき口は上の唇がふたつに分かれていて、その後閉じる。これが閉じないと「口唇口蓋裂」となる。尻尾は6週目になっても存在し、その長さは全体の15％である。脳の近くにあった心臓の原型が下がってきて、両上肢のあいだに位置するようになる。頭部、目、鼻、口、耳、四肢の原型が塊のかたちで存在する。なかでも目の存在がひと目でわかるように際立っている。

「中心から遠隔部位へ」と「脳の部位から尻尾へ」という発達の二原則があり、腕、手、指、つめの順と上部の器官から下部の器官への発達の順が観察できる。手はまだボールのような形で、5指はない。5指の形成は指と指のあいだにある細胞の大量死による。微小な指が大きくなって手ができるのではなく、組織の死で指ができて手が形成される。細胞分裂による細胞数の増加と細胞死とは、となりあわせの現象である。8週目で脳の重さは全体の体重の半分である。「脳の部位から尻尾へ」の発達の原則のあらわれである。脳が先に発達し、脳から離れた部位があとで発達するという原則である。この発達の2つの原則は、以後の発達をみるときにも有効である。

受精後7週目、一寸法師の大きさで、目、鼻、肺、心臓、脳などの内臓の原型ができる。手と指も形をなす。8週目には5㎜ほど背が伸び、体長3㎝となる。あばら骨もすけて見え、生まれたときにわれわれがみる新生児とかなり似た形となる。ただし8週目では、それまでと同じように生殖器官の原型は両性具有で、男女生殖器の区別をソナー（超音波）でも見ることができない。この段階では個々の感覚器官が形成されても、脳神経系とのつながりをもたない。神経系が未発達で、当然のことながら痛みを感じることもない。

この原型ができるまでのあいだは、胎児が外界の影響をもっとも受けやすい時期である。サリドマイド薬禍事件（サリドマイドをふくむ睡眠剤を受精後3～4週ころに飲むと子どもの手または足に奇形が生じる）が示すように、この時期を除くと、薬の副作用は観察されない。ある時期にサリドマイドが遺伝子発現に作用し、腕または脚の成長を阻害する。これは発達の臨界期を示している。タバコ、放射線、X線、アルコール、鉛、PCB、水銀などの影響は、四肢ではなく神経系に及ぶ。神経系は生まれるまで長期間にわたって発達するので、外界の影響を長期間受けることになる。本来脳細胞はあるべきところに移動するのが、放射線やアルコールなどの影響があると、そこに達しないか、それをこえたところに移動してしまう。その結果、身体障害や知的障害をもたらす。

ふつうの母親の生活では、水銀とPCBとタバコとアルコールが主な悪影響源である。水俣病の事件により、世界ではじめて水銀が胎児にとって毒性をもつことがわかった。その発生の過程は食物連鎖で説明できる。まず海に生息するプランクトンが水銀やPCBに汚染され、小魚がこのプランクトンを食べ、中型魚が小魚を食べ、大型魚が中型魚を食べ、水銀とPCBその他の毒物が大型魚に蓄積される。

これを妊婦が食べると、胎児の脳神経系に影響を及ぼし、危険域をこえると、知的障害をもたらす。妊婦のほうにも影響を及ぼすけれども、胎児にたいする悪影響は比較にならないほど深刻である。重度の場合は、大脳皮質の機能が停止する。

タバコは、ニコチン中毒と煙の吸入にともなう血液中の酸素不足をもたらす。母体の酸素不足ばかりでなく、胎児の酸素不足をもひきおこす。酸素は脳の活動に不可欠であるから、その不足は脳神経系の発達障害としてあらわれる。酸素不足のとき胎児の運動を観察すると、運動低下がみられる。最近の研究では喫煙をする老齢男性の血液細胞のなかのY染色体が異常をきたすか存在しないことがわかり、それが病気になりやすい原因であることが判明した。女性のX染色体にはそれほどの損傷がないという。アルコールの影響は20世紀になってから明らかとなった。胎児アルコール症候群では両目間の距離がふつうよりも離れていて鼻が低いという顔の奇形、低体重、知的障害、特に刺激に過剰反応することなどが報告されている。広島長崎の原爆投下による放射線の影響は、子どもの脳細胞の最適移動をさまたげ、知的障害をひきおこしている。

双生児の苦闘

双生児には一卵性と二卵性がある。三つ子四つ子などはまれである。一卵性双生児というのは、1個の受精卵が2個に分裂したときにそれぞれ別の生命体として成長するケースをいう。遺伝子は同じである。そのとき1個の胎盤から2個の生命体が栄養を摂取する場合と、それぞれが独自の胎盤をつくる場合とがある。1個の胎盤から2個の生命体が栄養を摂取する場合、独自の胎盤をもつ場合にくらべて、生命の危険度が高い。着床直後のことであるから、母親は気づかずに1個の生命体の生命が失われることも多く、組織に吸収される。遺伝子が同じであるにもかかわらず、たまたまどれだけ栄養をとれるかで生死を分かつ。

二卵性双生児は2個の卵子がたまたま同時に排出されて、そのそれぞれが異なる精子によって受精がおこり、成長するケースである。遺伝子が異なり、男女異性の場合も同性の場合もある。一卵性の場合と同じように、初期の段階で栄養を十分に得られない生命体が消えることがある。子宮内の個体の数が多ければ多いほど、初期の生命の喪失度は高い。われわれの見えないところで、生命体自体も見えないほど小さいときにおこることなので、あまり注意をむけられることはない。初期の流産は気がつかないので、それが報告され統計にあらわれることもない。双生児が無事に育って生まれるときにも、乳児死亡率は単独で生まれる場合にくらべて高い。自分を優先する自己保存の原則は、そういう世界でもはたらいている。

5　性器の形成はいつおこるか――8週目から16週目

16週目に体長7・5㎝、重さ14ｇとなる。受精後7週ころまでは、すべての胎児は女児の体型をもっているが、両性とも男女の生殖器の原型をもっている。両性具有の状態である。男児では受精後5週目ころにY染色体上の遺伝子（SRY）の活性化によって男性ホルモンの一種が分泌され、男性器の形成がはじまり、16週目には観察可能な精巣の形成がおこる。カルマン症候群では臭覚域の神経細胞の異常で臭覚と性器に異常をきたす。この場合、Y染色体をもっていても男性器が発達しない。また別の症候群で、まれにこの遺伝子がX染色体の上にあらわれる。もともとY染色体上にあるはずの遺伝子が精子をつくるときの減数分裂のさいにX染色体の上に乗り移る結果、この異常がおこる。この場合は、染色体XXと女児でありながら、男性器をもつことになる。

通常は男性器が形成されたあと、男性ホルモンの影響下、男性脳への分化がおこる。男性ホルモンの分泌がない場合、あっても脳細胞が反応しない場合に、原型の女性脳が形成される。女性脳とは左右の大脳半球の交差神経回路が多数あって左右のバランスのとれた脳である。運動をつかさどる小脳では、女児にあっては左右交差神経回路が男児よりも少ない。分化した男性脳では男性ホルモン分泌のため大脳左半球の発達がおさえられ、右半球の優位が発達し、それぞれの半球内での神経回路が多数形成される。男児の小脳では、左右の交差神経の数が女児にくらべて多い。

性器の形成と脳の形成の時期がずれることから、性器は男でも脳は女、または性器は女でも脳は男という形成がおこることがある。典型例は性同一性障害である。たとえば男児の性器が形成されたあとに、脳の形成時に脳のある場所にある脳細胞ニューロンが性ホルモンの情報に反応しないと、その場所の分化が進まない。男性脳への分化がなければ原型である女性脳の形成となり、女性としての性意識の発達に貢献する。性同一性障害の子どもがもし「私」の障害がいつできたのかと問うならば、答えは胎児期であるといえる。歴史のところで外科手術で女の子にさせられた人物が自殺に追い込まれた事例を述べた。これも、男性脳が形成されたあとで性器切除をして「女子」にしても性意識は男子脳で決まるとすれば、説明可能である。

男性ホルモンの分泌は性器と脳ばかりでなく、人差し指と薬指の長さの比率とも関係する。男女とも薬指のほうが長いのでそれを基準にすると、女子では人差し指の比率が０・98から１・00で、男子では０・95〜０・97である。人差し指が薬指にくらべて短いほど、男性的特性をもつ。

6 刺激への応答――17週目から誕生まで

受精後20週目前後に、脳の容積の増加と機能の分化がおこる。皮質と皮質下の組織の分化である。生まれる前に脳細胞の数は頂点に達し、その後は減少の一途をたどる。誕生後は細胞間のつながりが飛躍的に増加する。誕生後にかぎらず誕生前でも、細胞間のつながりの増加は環境の質による。刺激のない環境では脳細胞のつながりが粗で、刺激の豊富な環境では密である。神経細胞と神経細胞をつなぐのはシナプスで、シナプスの網の目の形成は環境の質に大いに左右される。その結合が生きのびるかは自然選択の原理で説明できることから、神経ダーウィニズムという。環境と生命体との相互作用のなかで、生命体の適応を可能にする神経系の生成がおこる。

この神経系の発達にあわせて、刺激への応答や自発的な発声ができるようになる。発声を通常の呼吸によるものと定義すると胎児は発声しないことになる。だが胎児呼吸とは横隔膜の運動をともなう肺の羊水出入運動をさし、受精後10週目ほどで始まる。20週目以降声帯の機能が発達し、聴診器などで胎児の声（羊水による声帯の振動）を聞くことができる。聴力は24週目、タイコの音に合わせた運動は25週目ころに観察できる。このころに体外から子どもに話しかけるとか音楽を聞かせると、それを受けとる用意ができているといえる。このころに低体重で生まれたとしても、母体の外で生存が可能になる。

受精後28週目の胎児は手足、顔、胴体の運動ができるばかりでなく、五感の機能を獲得する。視床下部と大脳皮質のつながりと感覚器官とのつながりができて、痛みを感じるようになる。泣き、あくびをする。また活動と不活動の周期が定期的になるのもこの時期である。その周期は40分で、生まれた後もこの周期を維持する。この周期は深い眠りと浅い眠りの周期のもととなる。

受精後33週目となると、胎児は親指をしゃぶり目を開ける。手で握ることもできる。覚醒と眠りのパターンも生まれ、急速な眼球運動がおこる長い眠り（レム睡眠）と静かな眠りの交代がはっきりとする。生まれる前の1ヶ月は、脂肪の蓄積、つまり体重の増加と学習のめばえがおこる。誕生前に、運動の分野で男児のほうが女児よりも活発であることが観察される。

受精後およそ38週間で、胎児としての最大の大きさに達すると、母親に子宮収縮反応をおこさせ、赤ちゃんの誕生となる。赤ちゃんの頭蓋の大きさが産道よりも大きいことから、頭蓋を構成するプレートがずれることによって、産道をなんとか通過する。それにもかかわらず、この段階は赤ちゃんにとって生死を分かつ経験である。脳内出血や酸素不足を経験する。乳児死亡率は歴史を通じて非常に高かった。

今でも避難民キャンプでは、乳幼児死亡率はきわめて高い。

胎児の成長は遺伝子のなせる業で、極端な毒物投与などがない場合、どの胎児も同じような環境で同じように成長するものとされ、遺伝子決定論で説明が可能であった。新生児が示す能力は生得的であるという議論が説得的であるのと同じように、胎児の成長は遺伝子のはたらきで決まるとする遺伝子決定論で説明するのはさほど困難ではない。しかしあとでみるように、胎児プログラミング仮説が決定論にとってかわる新しい説明原理となる。

7　胎内環境の影響

母親の行為が胎児に影響を及ぼすのだろうか。「胎教」という「迷信」は、本当に迷信なのだろうか。最近の研究では、胎児が胎内で外界の音を聞くことのできる段階では、外界の音は教育の役割をはたすことが明らかとなった。デキャスパーらの研究者は胎児が生まれる2週間前に童謡を母親が歌って聞かせ、生まれたあとにその童謡とそれとは異なる童謡を選択できる装置をつくった。人工乳首の吸う速度で童謡の選択ができる装置である。これを使って選択させたところ、新生児は胎児のときに聞いた童謡を選択するという事実がわかった。生まれる前に外部から女性の声と男性の声を聞かせ、心臓の鼓動数をモニターすることによって、胎児がその区別ができることを示した研究もある。母親が妊娠時に食べたものを子どもが好むという逸話を仮説として、たしかに母親の食べたものが子どもの嗜好を決める傾向があるとした研究もある。人参ジュースを妊娠後期に飲ませたグループと飲ませなかったグループをつくり、6ヶ月後にその子どもたちの嗜好を調べたところ、前者の母親の子どもたちが人参ジュースを好んだという。香りまたは味が胎盤を通過することを示している。

それでは、それ以前の胎内環境の影響はあるのだろうか。母親の心臓の鼓動が子どもの心をなごませる事実は、むずかる子どもの耳を左乳下に押し付ける母親の行動で確認することができる。科学的研究はこのことを裏づけている。鼓動のリズムを胎児は学習する。

母親の遭遇するストレスや不安は母親の体内にストレスホルモンのコルチゾールを分泌し、それが胎盤を通って胎児の血液のなかに入る。ストレスをあたえる事態はまず大脳がとらえ、視床下部からストレスホルモンのコルチゾールの分泌をうながす物質が松果体から送られる。その結果心臓の鼓動が高まり、ストレスを逃れる行動の準備ができる。誰にも備わる生物化学的機能ではあるが、ふつう以上のストレスがあると、コルチゾールの負の効果がでる。母親が妊娠中にストレスを受けたとき、子どもは出生後乳児の段階では頻繁に泣き、児童期では注意散漫で感情のコントロールができないことが報告されている。

母親の栄養摂取の程度は、多くても少なくても子どもが肥満となる事実がある。親の肥満と子どもの肥満のあいだには相関関係がある。母親が必要以上に食物をとると体内ホルモンのバランスをくずし、そのくずれたバランスを胎児が正常とする胎児プログラムが考えられる。それでは栄養摂取の少ない場合を考えてみよう。「小さく産んで大きく育てる」という考えがある。たしかに母親がダイエットをすれば、子どもが小さく生まれる。また母親の意思とはかかわりなく、母親の資源が乏しく十分な栄養を摂取できない場合もある。子どもを次から次へと産む場合も、小さな子どもが生まれる可能性が高い。1944年の飢饉事件のところでみたように、ふつうの母親があの不幸な自然実験をくりかえしている。未熟児の研究によると、その将来は学習障害、身体障害に見舞われるばかりでなく、肥満や糖尿病などの生活習慣病をひきおこす。肥満をひきおこすのは栄養失調でも生き残れるようプログラムを改訂するために、食料豊富な環境に遭遇すると余分となる栄養分を蓄積するからである。つまりこうした研究は、胎児プログラミングの仮説を支持している。

8　胎児プログラミング仮説のマウスによる検証

遺伝子決定論に対抗する胎児プログラミングの仮説は、おいそれと人間を使って検証するわけにはいかない。たまたま1944年に飢餓事件があって思いがけない事実を手に入れただけである。この飢餓事件以外にも、19世紀20世紀の飢餓を経験したひとびとの多世代の成長記録も、胎児プログラミング仮説を支持している。ただしどの場合も正統派遺伝学では説明できない事実があったというだけで、その生物学的な説明ができたわけではない。

この仮説はヒトと同じ哺乳類のマウスを使って、栄養失調のマウスを育て、その子どもたちをつくり、何代にもわたって子孫をつくらせ、その子孫たちが、性的早熟をするか、生活習慣病になるかで調べることができる。同じ遺伝子をもったマウスを栄養失調の条件と栄養十分の条件で育て、違う結果がでるということは、遺伝子が発達を決めるのではなく、胎児が環境条件を考慮し、自分の成長過程を調節することを示している。マウスの実験結果は、胎児プログラミング仮説を支持している。栄養失調のマウスが資源をどこにまわすかは、細胞のなかでどの遺伝子が発現するかによって決まる。遺伝子が決めるのではなく、環境条件を処理したうえではたらく、遺伝子の発現によって決まるのである。

9　まとめ

私たちの生涯でもっとも重要な時期は胎児期であるといっても過言ではない。さまざまな影響を受けて発達の経路を選択する時期である。選択をするといっても、日常語で意味する意識的活動ではない。すでにみたように、胎児期の大半は無意識の段階である。この無意識の段階について明らかとなったのは、今のところ母親のストレスと栄養失調の影響である。自然災害や結婚不和などのストレスを経験した母親の子どもはストレスに弱い子となる。栄養失調で生まれると、将来もそのような環境であろうと予期し、そういう環境でも生き残れる選択をする。ところが将来豊かな食環境に遭遇すると、他のひとと同じ栄養分をとっても、節約体質を形成したがために肥満となる。エピジェネティックスの仮説で十分に説明のできる事象である。

最後の1ヶ月で母親の摂取する食物の味、心臓鼓動、歌を記憶できるようになる。胎教という「迷信」には、21世紀の研究で科学的根拠があるということがわかった。胎児の学習能力が成立したあとでは「教育」が可能である。それ以前にも母親のホルモンの構成は重要であるから、美しい音楽をはじめとする「快」をもよおす体験は重要である。胎児にストレスをあたえるであろう母親のトラウマ、薬物使用、PCBや水銀などをふくむ食材の摂取などをひかえた場合に、胎児の発達を最適にすることがわかってきた。このように、広い意味での胎教は人類の知恵であったといえる。

手の形成のところで、細胞の大量死を介して5本の指ができることをみた。これは手のもととなる円形の塊のなかにある細胞がなす業である。細胞どうしの通信で、どの細胞が指となり、どの細胞が死ぬかが決まる。また、SRYという遺伝子がまれにX染色体の上に乗り移り、遺伝子では女児でありながら男性器をもつ事例もあげた。

このように胎児の成長と発達は、今まで研究者が想像していたよりもはるかに躍動的、適応的過程である。2万2000の遺伝子さえあれば自然展開するのではなく、環境の変化に随時対応して、自らの発達の道筋を決める過程である。その原理は、胎児の時期をこえて生涯にわたって機能する。胎児の時期はふつうのひとにとっては知りえない時期であることから、静かに自然に成長がおこっていると信じがちである。研究によると、実際にはドラマのように次から次へと事態が変化し、それにしたがって胎児が対応するすがたが浮かび上がってきた。

器官の形成でわかるように、エピジェネティックスの仮説では「私」はいつ「私」となるかの問いに

1つの解答をすることができない。胎児の段階だけをみるならば、38週間のあいだ不断に自分の形成をするからである。誕生後にも当然自分の形成の作業が続くことになる。もともと「私」がいたとする前成説の棄却である。ただし頭部、上肢、下肢の関係を「私」の一部と考えるならば、その位置関係は受精前にあったといえる。昆虫をふくむすべての動物でこの位置関係は同じであるからだ。また自己保存と種族保存の傾向を「私」の一部と考えるならば、その傾向は原始生命体の出現時にあったといえる。5本の指をもつ「私」はいつできたか、それは受精後5週あたりである。母親の声を認識できる「私」はいつできたか、それはすでにみたように、胎児期後期である。このように「私」がいつから存在したかの問いには、「私」のなにを見るかにより、異なった答えがある。「私」の思想イデオロギーがいつから存在したか。これは意識の領域で答えることができる。大多数のひとではそれは大学時代、受精から数えておよそ20年後のことである。

第4章　赤ちゃんの成長と発達

赤ちゃんは無力な存在である。この無力な存在がなぜ生きのびることができるのか。歴史のところでみたローレンツは、鳥であっても動物であっても新生児はみな「かわいさ」の特性をもっていて、まわりの注意と興味をひきつけるとした。大きな頭と目、小さな手、芳香などの特性である。ひとの赤ちゃんの場合はまわりのおとなが世話をしたくなるような特性を備えていて、顔の豊かな表情や皮膚の柔らかさを加えることができる。赤ちゃんの表情は長く見つめても飽きない変化を提供する。柔らかな肌も魅力的である。これらはみな、赤ちゃんのもつ資源である。何百万年という長い進化の歴史のなかで、こうした特性が自然選択されたといえる。赤ちゃんは無力な存在でありながら数多くの能力をもって生まれるし、また持って生まれた能力は短い期間に大いなる変容をとげる。

赤ちゃんは、生まれると同時に自力で空気を吸って生きなければならない。産声は、産道を通ったときに羊水がおしだされた肺に空気を吸い込む最初の行為である。と同時に血液循環の方式も変わり、栄養分を自分で口からとりいれ排泄物を自分で排出しなければならない。母体依存ではなく自分で自分の生命の維持をするために必要な能力は、生まれたときに備わっている。吸う、握る、見る、聞く、首をまわすなどを反射能力と呼ぶ。これらの能力は、後に子どもの認知能力の構成要素となる。

赤ちゃんは、生まれるためには脂肪の蓄積が少ないほうが適応的である。生まれてから特に急速に発達するのは、脂肪の蓄積である。体温の調整と結びついた発達である。脳の容積の発達は出生前後に加速する。おとなでも睡眠中に脳細胞のつながりができるように、16時間ほど眠る新生児は、その間に脳細胞のつながりを形成する。出生2週前にさまざまな学習能力が発達することをすでにみた。このことを裏づけるように、大脳皮質の細胞のつながりの密度は、出生前後に飛躍的に高くなる。視覚と聴覚の皮質の密度は、生後1年から3年で頂点に達する。2歳の段階で1つの神経細胞は1万のつながりをもつと推定されている。これらの領域にくらべると、筋力の発達は加速がないかのように漸進的に進む。異なる器官は異なる速度で発達する。異なる器官に依存する能力も異なる速度で発達する。

発達の可塑性はエピジェネティックスの一番の特徴であることを前章でみた。それに対応して、神経細胞の可塑性の仮説がみちびかれる。発達の可塑性のもとをなすのは神経細胞の可塑性である。神経細胞どうしは、シナプスと呼ばれる接合部で互いにつながっている。神経細胞の数は、生まれたときに100億ほどあるとされている。生まれてから増加するのは神経細胞の数ではなく、神経細胞間のつながりである。受精卵の発達のところで細胞死を介して発達がおこるのをみたように、胎児のときにも、生後も、不要な神経細胞のつながりは消えていく。不要な細胞が消えていくことと不要な能力が消えていくことは、対応しているはずである。

神経細胞とそれらのつながりは環境の質に呼応する。出生以後、まわりのはたらきかけが多いほど神経細胞のつながりが密となる。胎児プログラムのところで論じたのと同じように、乳児になっても常に環境の評価を続けている。自分が生きていくうえで環境が最適か否か、命をおびやかすできごとがあるかどうか、その評価をしながら自分のプログラムを修正していく。胎児プログラミングの原理は、胎児期をこえてはたらく。設備の整わない孤児院で育った子どもたちは身体的発達遅滞ばかりでなく、社会的言語的能力に障害をかかえ、それに対応して脳の異常が認められる。これらは意識的過程を通っておこる現象ではなく、自動的無意識的適応行動である。

1　運動能力はいかに発達するか

19世紀末、アメリカのスタンレー・ホールという学者がドイツに留学し、そこからエルンスト・ヘッケル（1834-1919）の「個体発生は系統発生をくりかえす」という仮説を輸入した。ヘッケルはダーウィンの『種の起源』を読んで、これは自分が長年考えていたことであると結論し、ヘッケル流の進化学をドイツでひろめたとされる。その仮説からみちびかれるのは、「子どもの発達は人類の歩んだ発達の道筋をくりかえす」という仮説で、人類の歴史で人間ができるようになった行動は、同じ順序で子どもにあらわれるはずである。このことを示すために、いつ子どもの首がすわり、いつ自分ですわれるようになるか、いつハイハイができるようになるか、いつ最初の歩行がみられるか、などを記録する研究が続いた。このような思い込みも手伝って、運動の発達は自動的におこるという説が主流となった。前成説に似た発達決定説である。アーノルド・ゲゼルがその代表的研究者であった。

それによると、首のすわりは2・3ヶ月ころ、寝返りができるのは3ヶ月ころ、自分で座るのは6ヶ月ころ、自分で立ち上がるのは9ヶ月、しっかりと立ち上がれるのは12ヶ月以降となる。もちろん個人差があるけれども、その順序はおおむね同じである。特に中産階級の家庭で観察すると、その家庭環境が同じようであることから、発達の順序も同じであるとの結果がでやすい。「頭部から後尾へ」「中心から周辺部へ」の2つの発達の原則が強くはたらくことも、発達の順序が同じになるのを支えている。ところが赤ちゃんをベビーベッドに入れっぱなしにして自由な運動をさまたげると、まったく違った運動パターンがあらわれる。腕と手を使っていざる運動方式が採用される。這うという行動も、歩行器をあたえるとそのほうが移動に都合がいいので、それほど長く続かないことも観察される。

新生児を支えて足が床に触れるようにすると、歩行反応がおこる。これは1ヶ月ほどで消えることから、この反応が神経系の成熟によって消えると長いあいだ考えられていた。ところが訓練をすると、2ヶ月以降でも赤ちゃんは歩行反応をする。7ヶ月の赤ちゃんを支えながら床の動く運動器具の床に足を触れるようにすると、同様に歩行反応がおこる。また水中において赤ちゃんの重さがなくなる、または減少する状態をつくると、歩行反応がおこる。神経系の成熟でこの反応が消えるのではなく、一定の環境のもとで、この反応が残っていることを観察できる。

このように環境の違いによって運動のパターンも異なり、運動でも発達の経路は1つではない。最近の研究は、運動能力にもいくつもの発達の経路があることを示している。ヘッケルの理論にもとづいた発達仮説が支持されない例であり、エピジェネティックスの仮説と矛盾しない結果である。

2　自分は自分だという意識はいつできるか

赤ちゃんはいつごろから自分は自分だという意識をもつのだろうか。おとなが自分は自分だという意識をもっていて、それと同じ程度の意識は生後18ヶ月あたりで獲得する。マイケル・ルイスらは鏡に映った自己像を見る子どもを観察してみた。鏡に映った自己像を見てなにをするか観察してみる。そのときに赤ちゃんには気づかれないように、鼻のところを赤くしておく。最初の誕生日ごろにこの実験をすると、指で鏡の像のほうをさすのが一般的である。18ヶ月ころになると、その指が自分の鼻にむけられる。自分の鼻が赤いとは鏡なしにはわからないのだから、鏡に映ったあの赤は、自分の鼻のところにあるにちがいないとの推論が鼻を触る行動を可能にする。鏡に映った赤は自分の鼻のあらわれであるとの認識は、象徴作用にほかならない。象徴作用とは、あるものをそれ以外のもので代表する機能である。物の永続性のテストでもことばのテストでも、このころ同時に象徴機能の確立がみられる。

それではそれ以前には、どの程度自分が自分であるという意識をもっているのだろうか。生後5ヶ月の子どもをベッドの上に寝かせて、その足の運動をリアルタイムで映像にしたものと、その足の運動の鏡映映像を2つ並べて見せてみる。そうすると鏡映映像のほうをそのままの映像よりもはるかに長く見るという結果がある。フィリップ・ロシャらによる実験である。「運動する自分」というのは、18ヶ月よりもはるか以前にぼんやりと存在すると考えられる。

それでは、生まれたばかりのころに自分が自分であるという意識をもっているのだろうか。これは意識の定義とかかわり、自分がなにかを感じるか、つまりフィーリングを意識の前段階とみれば、自分が自分であるというフィーリングをもっているといえる。ワクチンの原理は微毒を体内に注入してその微毒を免疫細胞が感知し、将来本当に毒となるウィルスが侵入してきたときに、それを迎え撃つ現象であるから、免疫細胞でさえも自分が自分であるということを「知って」いるかのように行動する。新生児も同じように行動する。半世紀ほど前に、ハーヴァード大学のベリー・ブラゼルトンは新生児がブラゼルトンの行動を真似ることを偶然発見した。彼が新生児を抱いて対面状態で、彼が左をむくと新生児も左をむき、舌を出すと舌を出すという具合に真似をした。ワシントン大学のアンドルー・メルツォフらが顔の表情を新生児が真似をすると発表したのは、それからしばらくあとのことであった。生まれたときにわれわれは、自分が自分であるというフィーリングをもっているといえる。

3　赤ちゃんはなにを見たいか

この問題は簡単に回答できる。２枚の写真を用意し、どちらを長く見るか測る方法がある。１９６１年にロバート・ファンツという研究者が、ひとの顔、弓の的、新聞活字などを使ってそれらを見る時間を計ったところ、ひとの顔をもっとも長く見ることを発見した。その後多数の研究者が、顔のどこを見るのか、どんな顔が見たいのか、実験を重ねていった。１ヶ月の子は顔の輪郭を見ることが長く、眼を見るのはときどきであった。２ヶ月になると眼と口を見ることが長く、輪郭を見るのはときどきであった。まだ視覚が十分発達しておらず、ぼんやりとしか顔を見ることができない１ヶ月の子が輪郭を長く見るのは自然である。その後の研究はフィリップ・ケルマンらによってまとめられている。

母親の顔とそれ以外の女性の顔を並べてどちらを長く見るか測ると、素人も予測するとおりに母親の顔を長く見る。乳児の年齢が生後２、３日で、実際に母親の顔を見たのはつごう12時間程度であるにもかかわらず、新生児は母親の顔を区別できる。別の研究で生後３ヶ月の乳児は、男性と女性の写真を見せると、女性の写真を長く見ることが報告されている。

また赤ちゃんはひとの美醜をいとも簡単に区別できる。１００年以上も前にフランスのアルフレッド・ビネーとテオドール・シモンが最初の知能テストを開発したときに、２枚の写真を見せて、「どちらが美しいか」を聞く項目をいれた。テストの対象は小学校入学前の子どもであった。彼らは、美を判断できる子どもは知能が高いという結果を得た。それから1世紀がたち、現代の赤ちゃんの美醜の区別の研究はジュディス・ラングロアスという研究者によっておこなわれている。おとなが美しいと判断する顔写真とそれほど美しくない顔写真を並べて、赤ちゃんがどれだけ長く見るかを測る。生後1ヶ月で、赤ちゃんは美しいほうの写真を長く見る。

また12ヶ月の乳児を2つの条件で女性と遊ばせる実験をおこなった。美しい女性と、それほど美しくない女性では行動の違いがあるだろうか。しかし、それ以外の要素が結果に影響するかもしれない。そのため同一の女性が、1つの条件ではおとなが美しいと判断する舞台用仮面をつけ、もう1つの条件ではその仮面とほぼ同じで、ほんの少し眼と眼のあいだを短縮し鼻の位置を変えた仮面をつけてもらった。子どもの接近行動と笑みの頻度を測ると、たしかに子どもは美しい仮面をつけた女性に、より高い頻度で近づき、笑みを浮かべた。

ラングロアスは、美しいとされる顔は平均的な顔であると理論化している。平均的というのは統計的平均であって、世にいう平均的な顔がもっとも美しいというのではない。100枚の写真をとってそれを重ね合わせ、共通の位置関係を抽出する。すると、ギリシャ彫刻の美とほぼ一致していた。ギリシャの時代から今日にいたるまで、芸術家が美の追究をしてきたことを誰も否定しない。ギリシャ彫刻の美は、その時代に生きるひとびとの平均から天才彫刻家が導きだしたのである。2500年前の芸術家は直感で、この位置関係を抽出したといえる。さらにラングロアスは、美を体現するひとは胎児期、乳児期を通じて栄養のバランスが良かったがゆえに、対称的な目鼻口などの器官の位置関係を形成したという。また健康、社会的成功、高収入の可能性を示してもいる。ひとことで言うならば、進化学的に適応的で配偶者の選択でも有利であるという。

乳児はひとの顔の違い、サルの顔の違いを区別できるだろうか。これはまず、ひとりの写真を見せて、注視する時間を計る。慣れてくると見る時間が短くなる。短くなったところで別のひとの写真を見せる。このとき前の写真を見るときと同じように短く見るとすると、区別がつかないことになる。別の写真を見せたとき、長い時間見るならば、この新しい写真を別のものと見なしたことになる。生後6ヶ月の乳児と9ヶ月の乳児にこの実験をすると、両者とも2人の異なる男性の写真を区別した。2頭の異なるサルの写真を見せると、6ヶ月の乳児は区別し、9ヶ月の乳児は区別できなかった。6ヶ月の乳児にサルの写真を3ヶ月間見せて、9ヶ月のときに同じテストをすると、9ヶ月児でもサルの顔の区別ができた。この結果は、後にみる外国語の音を6ヶ月では区別し、11ヶ月で区別できなくなる結果と似ている。ともに区別の能力が、頻繁に接触するものについては生き残り、まれに接触するものについては消えうせることを示している。同時に、区別能力が経験によるという発達の可塑性をも示している。ある能力が生き残るのは適応的だからである。この現象は、自然選択または文化選択の例といえる。

4　赤ちゃんは物の統一性を理解できるのだろうか

おとなは1本の棒が積み木の後ろにあって棒の上部と下部が見える場面を見ると、積み木の背後に1本の棒があると想像する。もしかしたら積み木の後ろにはなにもなくて、積み木の上と下に2本の短い棒があるのかもしれないが、そういう疑念をしりぞけて、ふつうは積み木の後ろには1本の棒があると判断する。この判断を物の統一性の理解という。物はふつうバラバラに存在するのではなく、見かけ2本の棒は実は1本の棒として統一しているという判断である。

赤ちゃんは物の統一性を理解しているのであろうか。エリザベス・スペルキとフィリップ・ケルマンという学者が答えを出した。1本の棒が積み木の後ろにある場面をなんども見せて飽きるまで続ける。飽きたあとで、積み木をどけると、短い2本の棒が直線を形成するように並んでいる。2本の棒の全体の長さは1本の棒の全体の長さと同じである。あるいは、1本の長い棒がある。統一性を理解していたならば、1本の棒のほうは予想どおりであるからあまり長く見ないが、2本の棒は予想と異なるまったく新しい事態なので、飽きを感じずに長く見るはずである。4ヶ月の赤ちゃんにこの実験をすると、どちらの場面も同じくらいの時間見ていた。統一性の理解がないという結果である。

ところが同じ材料を使って同じ月齢の赤ちゃんに、上部の棒と下部の棒が共動して左右に動く場面を飽きるまで見せたあと、上記と同じ実験をした。こうすると、2本の棒に見えるものが実は1本ではないかと推論できる。結果は、1本の棒には飽きを示し短い時間しか見ず、2本の棒のほうを長く見た。2本の棒を見たとき、それを新しい場面と判断したと解釈できる。つまり4ヶ月の赤ちゃんは、物に動きがともなったときには、おとなと同じようにその統一性を理解できる。

5　赤ちゃんは足し算引き算ができるのだろうか

どうしたらこれに答えられるだろうか。工夫が必要である。まずスクリーンと人形2つを用意する。まず舞台に1つの人形が登場する。その人形を隠すスクリーンが下がると、人形はもう見えない。もう1つの人形をもった手があらわれ、それをスクリーンの背後に置く。舞台で1＋1の事態が展開し、それがいまやスクリーンの背後にある。さて、もしこの足し算ができるとすると、スクリーンが上がって2個の人形を見た赤ちゃんは飽きを示して長く見ないだろう。1＋1＝2で2個あるはずであり、足し算ができる赤ちゃんにとっては当然だからである。スクリーンが上がって1個の人形を見たら、「2個あるはずなのにおかしい」と考え、長く見るだろう。キャーレン・ウィンという学者が5ヶ月の赤ちゃんで、このとおりの結果を報告した。

赤ちゃんはもっとも簡単な足し算ができるといえる。同じ方法で、まずは2個の人形を見せ、それをスクリーンで隠し、手があらわれて1個の人形をとりのぞく事態を見せる。残りはいくつか。もし引き算ができれば、1個の人形を見て飽きを示し、もともとの2個を見ると驚き、長く見るはずである。結果はこのとおりであった。

この結果から、ウィンは5ヶ月の子どもは算術ができると結論した。しかしこれは、赤ちゃんに多い少ないの判断ができるとしたら同じ結果をもたらすことができるので、数の概念があって1＋1＝2ができたとはいえない。とはいえ、なにも言えない赤ちゃんの行動をここまでとらえたのは評価できる。

6 聴覚はどのくらい発達しているのだろうか

視覚にくらべると、聴覚はすでによく発達している。胎児の世界では母親の心臓の鼓動、胃の収縮運動にともなう音など、刺激にめぐまれている。胎児の章で胎児が母親の歌った童謡を記憶できることをみた。聴覚の発達を示す結果である。生後も乳児の聴覚の能力は眼を見張るばかりである。赤ちゃんは聴覚のすぐれた弁別能力をもっている。新生児に母親の声と母親以外の女性の声を録音したテープをつくり、子どもに人工乳首の吸う速度でその選択ができるようにすると、すべての新生児ではないが、8、9割の新生児が母親の声を選択する。母親の写真を見る傾向があるとの結果に呼応している。それでは、新生児は父親とそれ以外の男性の声を聞いたとき、父親の声を選択するのだろうか。そういうことはないとの結果がでている。

言語には、あいまいな音でもどちらかの音として区別されるという特質がある。「パ」と「バ」の音は両者とも唇をあわせてからでる音で、一方が破裂音、他方が摩擦音であることだけが違う似た音である。実際には「パ」に近い「バ」の音もあるし、「バ」に近い「パ」の音もある。しかしおとなは、意識せずにどちらかの音として区別して処理している。赤ちゃんは、こうしたあいまいな音の区別ができるのだろうか。

ピーター・アイマスという学者が、1971年にこの問いの答えを出した。生後1ヶ月の赤ちゃんが人工乳首を吸っているときに、「パ」に近い「バ」の音をなんども聞かせて赤ちゃんの吸う速度を記録すると、飽きてきて速度が落ちてくる。落ちてきたあとで今度は「バ」に近い「パ」の音を聞かせる。そうすると吸う速度が回復する。つまり赤ちゃんは、このあいまいな2つの音を区別できるのである。

赤ちゃんは世界中のどの言語でもわがものとする能力を備えている。英語を聞かずに日本で育ったひとは、英語のlとrの発音を区別することができない。ところが6ヶ月の赤ちゃんを使って、この区別ができるか調べると、日本人でもほぼ全員ができる。lとrの区別だけでなく、世界中の言語にある音の区別ができる。しかしながら、最初の誕生日のころになると、この能力を失ってしまう。自分がそのなかで生活する言語環境で必要な音を区別する能力は当然のことながら失われない。言語環境が子どもの能力を選択している。サルの顔の区別ができなくなることと似ている。区別を可能にする脳神経の部位の細胞のつながりの消滅があると想像できる。赤ちゃんの脳は、自分の育つ言語環境に応じて適応している。

7 赤ちゃんの愛着行動はいかに発達するか

第二次世界大戦が終了する前、英国のジョン・ボウルビィとフランスのルネ・スピッツ（ともにフロイトの系統）はそれぞれ独立に、施設にいれられた子どもたちの研究をしていた。特にスピッツは、その見るにたえない子どもの表情を記録映画に撮った。ひとに反応せず、情緒が混乱し、鬱状態、孤立、悲嘆の表情などがおさめられている。ボウルビィは世界大戦中の避難民の研究で、生きる意欲の喪失と発達の遅滞がみられ、同じような現象があることを報告した。2年間このような状態にあると37％の子どもが死んでしまうとも報告した。食物があってもおとなの世話がないと、健全な愛情関係が発達しないと同時に、身体的発達も阻害されることも報告した。これを施設病、英語ではホスピタリズムという。

その後1960年代に、ウィスコンシン大学のハリー・ハーロウはリーザスモンキーを使って、母親から離して育てたところ、施設病と同じ行動を再現できた。同時に攻撃性の強さもみられた。母親から離して4頭のモンキーを一緒に育てると、それほどの異常は観察されなかった（アンナ・フロイトによる、強制収容所で発見された子どもたちの記録と一致している）。こうした研究をとおして、どんな環境が愛着行動をうながすかが明らかとなった。しかしこのような結果が報告されても、発表当時、一般の研究者はそれを受け入れることはなかった。子どもにそのような深い悲しみなどないというのが理由である。一般の裕福な家庭に育った研究者はそう思うのであろうと、理解できないこともない。

スピッツとボウルビィのおかげで、子どもに適した育児環境の研究がはじまったといえよう。この育児環境の研究は、子どもがおとなになって配偶者をもとめ、家庭をきずき、子どもを育てるときに有益な情報を提供している。男女の愛情の形成も、子どもの愛着の形成と同じ視点で考えられることが示された。この研究の伝統は、21世紀まで続いている。子どものときの愛情関係の形成は、親との関係ばかりでなく、友人との関係、きょうだいとの関係、同僚との関係、上司との関係、部下との関係、地域社会との関係、配偶者との関係、配偶者の家族との関係などに影響する。

ボウルビィはローレンツの動物研究から示唆を受け、進化学の見地にたって、子どもが養育者とのあいだに形成する愛着は進化の過程に起源をもち、子どもの生き残りに大切であることを指摘し、愛着形成の潜在性は生物学的でありながら、実際の形成は環境にいかにはたらきかけるかによるとした。またローレンツと同様に、愛着の発達には臨界期があることを説いた。子どもの自発性を認め、子どもがいかに愛着行動を形成するかを理論化した。

それによると、最初の6週間、赤ちゃんは空腹など不快な体験をとりのぞく養育者の世話を受けて、ぼんやりとしたつながりをきずく。その後8ヶ月ころまでに、赤ちゃんは近しいひとびと、典型的には父母との好みの関係をきずく。眼と眼が合う、「バー」と言えば「バー」という反応がある、微笑むと微笑が返ってくる。そういう関係である。これがないと愛着関係が形成されない。8ヶ月から18ヶ月のあいだに、いっそう明瞭な愛着関係が形成され、赤ちゃんは積極的に養育者にはたらきかけるようになる。しばらく姿を消した養育者があらわれると喜んでむかえ、傍に近寄る。同時に養育者がいなくなると不安に襲われ、泣きじゃくる。愛着形成ができた子どもは、養育者を基地としてまわりの世界の探索をする。18ヶ月以降はこの関係がさらに発展し、ことばをとおして、相互疎通のある関係がきずかれる。自己認識のところでも象徴機能の発達のところでも言及したように、発達の18ヶ月目というのは大きな節目である。

8　言語の獲得はいかにしておこるか

歴史のところでふれたように、哲学者・言語学者のチョムスキーが20世紀なかばをすぎて、その後大きな影響をあたえることとなる言語学理論を発表した。彼はその理論の派生として、子どもがどうやって言語を獲得するかを論じ、誰もが不思議に思う事実を明快に説明した。その事実とは、どこの言語文化圏にいても、すべての子どもは1歳ころに一語文を発し、2歳ころになると語と語の組み合わせをはじめ、小学校入学までにはその文化で使用される言語の文法を獲得することである。ヒト以外のどんな動物も、これと同じように言語を獲得することはない。言語の体系は非常に複雑であるが、その複雑な体系を単純な能力しかもたない幼い子どもが難なく獲得する。優秀な大学生でも新しい第二外国語をその外国語のなかで育つふつうの子どもと同じ程度に獲得しようとすると、ほぼ確実に失敗するのにである。

言語能力がヒトという種に特殊な能力であり、それは生得的である、その獲得には臨界期がある、と仮定するだけで、すべての事実は説明できる。言語獲得可能期に、ある言語に接しさえすれば、その言語を獲得できる。言語の文法は、ある抽象のレベルではどの言語にも共通であって、その文法を獲得する能力は生得的に備わっている。たしかに赤ちゃんをどの言語圏に連れて行っても、そこのひとびとが話す言語の文法を小学校入学以前に獲得する。いっぽうその赤ちゃんを連れて行った親たちは、言語の獲得では屈辱的体験をする。

ロジャー・ブラウンというハーヴァード大学の社会心理学の学者が、この理論の発表からまもなして、言語発達研究をはじめ、１９７２年に『第一言語』という大著を著した。どんな語がはじめて子どもの口から発せられるか、どんな速度で語彙の発達があるか、どんな語の組み合わせがあるか、それはピアジェの感覚運動期の能力と関係するか等々、実に膨大な研究の成果であった。語彙発達の速度ではやはり18ヶ月が節目で、それ以後語彙の爆発がおこる。たしかに物の永続性に関係する語の組み合わせがおこる。ブラウンはそれ以後も数々の成果をあげたが、退官のときに、自分はチョムスキーを乗り越えることができなかったと感想を述べたと伝えられる。

言語の獲得もほかの能力と同じように、それぞれの子どもが環境との出会いを通じて、それぞれ異なったしかたで獲得するはずである。言語の獲得だけが特殊であるとは考えられない、という議論が正統であろう。それにもかかわらず、チョムスキー的思考はこの領域でいきている。スティーヴン・ピンカーというハーヴァードの教授は、やはり言語能力は本能といってもいいほど特殊であるという議論を展開している。

その特殊性は臨界期の存在で明らかになる。ジニーという女の子が18ヶ月から13歳になるまで虐待を受け、一室に閉じ込められ、食物だけをあたえられて、誰も話しかけることがなかった。ジニーはスピッツの報告したような症状をもっていた。言語能力は3、4歳児のそれにとどまっていたと報告されている。藤永保は、ジニーほどではないが虐待を受けたきょうだいを研究している。

臨界期の存在をみごとに示すのは、第二言語の獲得である。言語の獲得で言語能力は左脳に依存することが知られている。幼少時に第二言語を獲得したひとは、おとなになっても両言語を左脳で処理するところが12歳ころで第二言語をはじめると、右と左の両脳で第二言語を処理する。通常脳が機能する以上の負担がかかっていることを示している。また文法のテストで3歳以前に英語圏に移住したものはその国に生まれ育ったものと差がないのに、8歳で移住するとわずかに劣り、11歳で移住するとかなり劣り、17歳以降で移住するとさらに劣るという結果がある。

このように、過去の研究からは、言語獲得の臨界期は2～12歳であるとみられる。病気や事故で言語を処理する大脳部位を損傷しても、それが臨界期におこれば回復可能という意味での臨界期である。しかし上記の研究は、それが小学校入学以前である可能性を示唆している。ちょうどその頃までに文法を獲得することをみれば、臨界期を1～5歳と設定しても不合理とはいえない。愛情の発達も、最初の2年間が臨界期であろう。最初の2年間誰からも刺激を受けなければ、養育者からの刺激を処理する脳の部位が機能しなくなる。愛ということばの理解自体ができなくなる。言語の発達と愛情の発達は、不思議に呼応している。愛情も言語も経路がいったんできあがれば、多少の環境攪乱があってもふつうに発達するけれども、最初に間違うと、形成しなおすのは困難であるといえる。言語が社会環境のなかで獲得されるその様相を、エピジェネティックスの仮説にそって研究する必要性を示唆している。

9 まとめ

赤ちゃんの適応能力には眼を見張るものがある。こうした能力をもつからこそ、生存にとってもっとも厳しい時期を生き残れるのであろう。これらの能力は受精卵の発達、胎児の発達の延長線上にある。赤ちゃんは自分の能力が最適に伸びるように、不断に環境の評価をし、その評価にもとづいて、新しい方向を模索する。たまたま出会う環境、たまたま出会うひと、自分の処理能力、そのときの目覚めの状態と、さまざまな要因が、新しい方向の模索に影響する。赤ちゃんの発達の章では、主として20世紀後半から21世紀に明らかになった結果をやや羅列的に紹介した。何千という研究者の研究成果であって、赤ちゃんの一般的能力とはなにかをみるには十分である。1つの統合的視点があってなされた研究ではないので、まとまりがないとの批判はまぬがれない。

こうした赤ちゃんの一般的能力を念頭において、次章ではエピジェネティックスの立場からみて重要な歴史的業績を紹介する。この業績はひとりの研究者の業績であるので、まとまっている。研究の背後にある視点が歴史的で、発達のある時点でなにが観察されるかではなく、いろいろな時点で観察されたものがいかにつながっているかの説明がある。

第5章　知能の発達学

赤ちゃんが生まれてから最初の1年間はことばを使わない時期であり、おとなの視点からみるとことばによる理解が不可能な時期である。このときの発達を知るためには、行動の観察による以外に方法がない。行動をいきあたりばったりに観察しても、赤ちゃんのあるときのある行動についてしか理解できない。赤ちゃんの最初の2年間にどんな発達がおこるかを理解する方法はあるのだろうか。

20世紀初頭にラマルク派を自称する生物学者が、生物学と哲学をおさめたうえで、新しい認識論にもとづき、自分自身の子どもたち3人の行動観察をはじめた。大学の心理学の授業でかならず出てくるかのジャン・ピアジェのことである。ことばを介さないで、実験的臨床法ともいうべき観察を通じて、最初の2年間におこる事実の理解を試みた。これは歴史的試みである。

ピアジェの研究を理解するためには、哲学の歴史をみなければならない。その主な流れのひとつに認識論という分野があり、そこでは知識が経験からくるものなのか経験以前から存在するものかの議論がギリシャ時代から続いていた。哲学史のある時期までは、すべての哲学者はアリストテレスの経験論者かプラトンの観念論者かであったと歴史のところで述べた。またこの対立を乗り越える立場が、進化学者によって提唱されたとも述べた。19世紀の進化学者によれば、生命体には個体差があって、長い歴史の過程で環境に適した生命体が子孫を残し、次々と新しい種が生まれるとの仮説である。環境との相互作用のなかで新たな形の生命体が構成される。この考え方は、後に哲学者が提案することになる構成主義そのものである。

ピアジェは博士論文で、アルプスの湖に生息する同じ種に属するモノアライ貝が、水深の違いによって形状が異なることを報告した。この貝はタニシのような細長い形をしているが、環境の違いで浅瀬ではずんぐり形になる。浅瀬では水の流れが急で、それに適応した形が生き残ったと解釈し、ピアジェはその典型的でないモノアライ貝を水槽のなかに置いて、何世代にもわたりその生態を観察した。結果は、典型の形にはもどらなかった。浅瀬で適応した結果おこる特性が次世代に伝わるという結果である。この研究は重要で、21世紀の鈴木忠氏の生涯発達心理学の著作で詳しく紹介されている。この研究は20世紀初頭の研究者の注意を引くには至らなかった。その半世紀後、ウォディントンによって評価を得たが、ウォディントンは時代の先を行く孤高の天才であったことを思いおこそう。彼はピアジェの結果を遺伝的同化と名づけたが、しかしそれ以上の発展はなかった。21世紀のエピジェネティックスの仮説に合致する結果であり、ピアジェ自身、晩年に進化と行動の著作で生命体の環境との相互作用が重要である点を確認している。ラマルクは発達の過程で生命体がなにをするかに関心があったのにたいして、20世紀なかごろに遺伝学と合流したダーウィン進化学（ネオダーウィン主義と呼ばれる）は発達の過程を無視し、おとなになった生命体の個体差に関心があった。ピアジェはラマルクの思想をくんでいたので、生物学の分野で時代の趨勢に乗ることがなかった。

ピアジェはそれまでの自分のモノアライ貝の研究から、人間の知能も環境への生物学的適応の結果であるとし、赤ちゃんの自発的行動が知能の基礎であるとの認識をもっていた。この自発的能動的行動を行為と呼び、赤ちゃんが行為のつながりをつくって、外界の認識を深めていくという仮説に行き着いた。この行為のつながりは認識の第一歩であり、あたえられた環境のもとで、もっとも適応的な行為を選択しながら行為のつながりをひろげ、環境の認識を深めていく。

この仮説は構成説とも呼ばれ、赤ちゃんの認識は自らが外界にはたらきかけて、外界から得る感触や感覚にもとづいて、いくつもの行為のつながりを構成してゆくという仮説である。モノアライ貝の行動の研究で成果をあげた生物学者が、ことばを使わない赤ちゃんの研究の分野で新しい研究法を開拓したといえる。貝も赤ちゃんも環境への適応が大切で、適応のためにふさわしい行為のつながりを構成していく。この構成は個々の行為の記述ではなく、行為のつながりが、ある目的遂行のために使われるようになる過程の記述である。行為のつながりは赤ちゃんの望むことを満足させるように構成され、その構成が階層をなし、ゆくゆくはおとなの知能のもとをもつくるという仮説である。階層をなした構成は構造ともいえる。20世紀初頭ゲシュタルト心理学が提唱した構造の生得性（たとえばハ長調の音楽を他の調に移調しても誰もが同じ音楽であると判断できるのは、音と音とのあいだの構造の理解が生得的であることを示している）を否定し、その発達的変化を説明する試みとも言いかえることができる。そしてこの説明は進化学的である。種の変化を自然選択説で説明するのと同じように、赤ちゃんの行為の構成の変化を適応の観点から説明するのがピアジェの仮説である。赤ちゃんにとっての最重要課題は生きのびて、外界との関係をきずき、まわりの環境を自分の都合のよいように整えることである。そのために最適な行為のつながりをつくる。

ピアジェの『知能の誕生』は、彼のほかの仕事にくらべても突出してすぐれた仕事である。時代の趨勢に乗らないどころか、時代の趨勢をつくりだしたといえる。どんな知的発達がおこるのだろうか。ピアジェはその後、象徴機能期、前操作期、具体的操作期、形式的操作期と発達していくと提唱している。ただし、これらの発達段階が存在するというのは整理の手段であって、もっと重要なのは、子どもが環境との相互交渉のなかで新たな能力を構成することだと言っている。新たな能力の構成は、そのときに子どもがもっている一般的能力に依存するわけで、その一般的能力の概要を知っておくと都合がよい。

一般的能力とは、おとなが職業人として生きていくために基礎となる、論理数学的な知識である。中学高校で学ぶのにも必要な知識である。ピアジェはこれを操作と呼んだ。数を例に説明すると、1にも足さなければ1である。1からなにも引かなければ1である。1に2を掛ければ2となり、2を2で割ればもとの1になる。1に1を足せば2となり、2から1を引けばもとの1となる。1に無数の1を足すことができる。1掛ける2は、2掛ける1と同じで2となる。こうした論理数学的な作業は行為の段階でもおこなわれるし、おはじきのような具体的な物でもおこなわれるし、完全に抽象的なシンボルの段階でもおこなわれる。ピアジェは感覚運動の操作期、具体的操作期、形式的操作期を区別し、この順序で認知能力の発達が進行すると提案している。操作は行為の内化した論理数学的知識といえる。

この章では、ピアジェの段階説にしたがって人間の知的発達を論ずる。

1 最初の2年間になにが構成されるか——感覚運動期

赤ちゃんの行動を観察していると、同じことをなんどもなんどもくりかえすのに誰もが気づく。吸う、触れる、見る、聞く、味わう、舌を動かす、唇を動かす、首をまわす、顔の筋肉を動かす、手足を動かす、などなど。これらはみな、赤ちゃんの感覚と運動にかかわっている。ピアジェはおそらく歴史上はじめて、こうした感覚と運動の行為が認識の構成部分となることに気づいた。この分野の先駆者としてのボールドウィンがくりかえしの行為、つまり習慣の重要性を強調したことをピアジェは述べている。それを足がかりとしてくりかえしの行為つまり習慣の発達仮説を発展させ、認識がいかに成立するかについての学、発生認識論をはじめて提唱したのがピアジェである。通常学界では発達心理学者とされているピアジェは自身のことを心理学者とはいわず、発生認識論者といっていた。

発生認識論の提唱は『知能の誕生』でなされた（英訳の書名は『知能の起源 The origins of intelligence in children』となっている）。英訳から考えると、有名なダーウィンの『種の起源』と1語違いの題名である。ピアジェが進化学の立場から貝の研究をしていたことから考えても、本の内容からいっても、この本でピアジェは、ラマルクとダーウィンに共通する原則を説明原理に使っている。認識を構成する行為のつながりの生き残ったものが認識の基礎となるという仮説は、適応の過程で、生き残りに成功したものだけが生命の歴史を形成したという、進化学の仮説と同根である。生き残った行為のつながりは、すべての生命体に必要な手段－目的関係の理解（道具の使用に必要な能力）と因果関係の理解であり、それらにくわえて、人間社会で生き残るのに必要なのは象徴機能・ことばの獲得、さらには論理数学的思考の獲得である。ピアジェは、これらの知能の起源がくりかえしの行為にあることをみた。

2　知能の起源はなにか――目的と手段関係の構成

やっと手を自由に動かせるようになった赤ちゃんが、ガラガラに夢中になる事実はよく知られている。ピアジェは、この事実のような誰もが知っている赤ちゃんの行動の認識論的分析をしたといえる。生まれたばかりの赤ちゃんは当然のことながら、見たものを握ることさえできない。見る行為と握る行為が結びついていないからである。見たものの近くに手が位置していて、偶然にものを握るのはありうる。問題は、握ろうとして握れる行為の発達である。いかにしてこの視覚と握る行為の結びつきが成立するか。ただ見える段階から注視する段階へは、いろいろなものを見る行為をくりかえして可能になる。生まれたときにはぼんやりとしか物が見えないので、神経系の発達と並行しながら物を見る行為がしっかりしたものになる。見るという行為と首の運動を支える行為のそれぞれが、くりかえしを通じて、安定的に結びつく。見たものを握るためには、見る行為と腕の運動行為と手の握る行為とが結びつけられなければならない。生まれる前でも赤ちゃんは、へその緒を握る行為をする。これはたまたまへその緒が手のひらの中心に位置したからだと考えられる。生まれる前から存在する生得的行為をもとにして認識が成立する。こうして、見る行為と握る行為と腕の行為がある順序で結びついてはじめて、ガラガラを楽しむことができる。しかしながら最初は、たまたま手の近くにガラガラがあってそれを振って音を楽しむという、いきあたりばったりの楽しみである（見る、触る、聞く、手を伸ばすという行為が、生まれたときには互いに独立で、後にくりかえしを通じて相互関係が成立する事実は、胎児の発達で個々の感覚器官が独立にあらわれ、それらの神経が脳と結びついていない事実に似ている）。

「あのガラガラで遊ぼう」という意図が成立するのは、その後である。自分の目的意識にしたがって遊ぶようになるのは、目的遂行のために使われる手段がまとまりをもってきたことを示している。自らが意図目的をもってはじめる行為が予想の結果をもたらすとき、赤ちゃんは笑みを浮かべる。くりかえすことにも予測があたることにも喜びがともなう。エリクソンが、乳児期の信頼感の成立について論じたこととの裏づけでもある。遊びたいから手を伸ばして、ガラガラを見て、手を伸ばし、握って、振るという複雑な行為の階層関係が成立する。この行為のつながりの順序が大切で、これを間違うとガラガラの音を楽しむにはいたらない。

たまたまおこったことをくりかえして習熟し、ついには目的を遂行するための安定した手段が成立する。試行錯誤の段階と習熟の段階は常時交替する。目的を遂行できる手段成立の段階から、手段となる新たな行為を発見してガラガラを楽しむ段階へと進む。言いかえると、なにも握ったり振ったりしなくとも、足で蹴っ飛ばしても、高いところから落としても、棒でたたいても、同じ目的を達成できることに気づく。新しい手段の発見である。ガラガラの音を楽しむという目的遂行のための手段が多様化する。別の実験で、ピアジェの娘が手につかんだプラスチックのアヒルをピアジェがとりあげようとしたところ、娘はもう一方の手を使って、ピアジェの手を押し返そうとした。アヒルを取り返すためにアヒル自体をひっぱるのではなく、アヒルをもった手をひかせるという新たな手段を使ったという。同じ目的のための手段を創造的に選択する。つまり目的と手段の関係が画一的でなくなる。環境に適応するためには、このように、柔軟な手段と目的の関係を構成する必要がある。構成の過程は、常に試行錯誤と習熟安定化の過程である。

ひとたび柔軟な手段目的関係ができると、当然のことながら、新たな目的のために手段を構成する行為のつながりを使うことになる。物体の落下実験はその例である。物を握る行為は物を手放す行為と一体である。物を握って高いところで手放し、物の落下の軌跡を観察する。これをなんどもくりかえす。手放す位置を変えて、なんどもくりかえす。手放すときに力を加えたときと加えないときに、物の落下の軌跡が変わるかどうかを観察する。それをなんどもくりかえす。こうして幾多の実験を試みながら、赤ちゃんは世界の理解を深めていく。世界に重力があるという理解であり、手放す行為が落下の軌跡に影響するか否かの理解でもある。生まれてから1年半くらいで、赤ちゃんはこの世の中の物理的関係を理解するようになる。

3　象徴機能の成立

以上の観察から、行為の階層的構成が認識の基礎にあることがわかる。それでは感覚運動という行為の世界から、ヒト特有といわれる象徴の世界へ行くには、なにが必要なのか。この点についての実験をみてみよう。マッチ箱にビーズをいれて、ビーズが見えるけれどもビーズが自然には出てこない程度に少しだけ口を開けておく。赤ちゃんの課題は、マッチ箱のなかからこのビーズをとりだすことである。誰でも想像できるように、赤ちゃんはマッチ箱の隙間に指をいれたり、箱をひっくりかえして、ビーズを取ろうとする。どちらの手段も目的を達成できなかった。そのあと赤ちゃんはマッチ箱を凝視した。しばらくたつと赤ちゃんは口を大きく開け、その行為をくりかえした。その直後赤ちゃんの指はマッチ箱の隙間めがけて直進した。正確な角度で指を隙間にいれてあきをひろげ、箱からビーズをとりだしたのだった。

赤ちゃんの口を大きく開ける行為はなんであったのか。おとなと同じような象徴機能がまだない赤ちゃんが、口を開ける行為を媒介にして、自らのマッチ箱を開ける行為を象徴したと発生認識論者のピアジェは解釈する。頭のなかでマッチ箱を開ける行為を描けない子どもが、口の行為で実際に箱を開ける行為をあらわしたとの解釈である。行為の内化が象徴レベルでの認識の基礎であるとの仮説を裏づける観察である。行為を使った象徴からコトバを使った象徴へと変化するのが象徴期である。

4　物の永続性とはなにか

物の永続性とは、物が見かけにかかわらず存在するという確信である。その実験をみると、この行動の内化には長い時間がかかることがわかる。赤ちゃんが興味を示すあるおもちゃをハンカチで隠したときに、赤ちゃんがどんな行動をとるかを調べる実験である。生後3ヶ月のときにこの実験をしても、ハンカチをのけるという行動は観察されない。物の永続性は観察できない。物が見えなければ、赤ちゃんにとってそれは存在しない。その後数ヶ月すると、ハンカチをのけ、おもちゃを取って喜びの表情をうかべる。最初の物の永続性がここで観察できる。ハンカチの場所がおもちゃの存在を代表する、それをあらわすという理解が成立する。しかしこの理解は、おとなの理解とはかなり異なる。

ハンカチを必ずのける段階を確認して、今度は2枚のハンカチを用意し、一方にだけおもちゃを隠す。当然赤ちゃんはおもちゃがあるほうのハンカチをのける。これを3度くりかえしたあとで、おもちゃを他方のハンカチの下に隠す。位置が変化している。さて赤ちゃんは、新しい位置のハンカチをのけるであろうか。ここで赤ちゃんは、いつもおもちゃが隠されていたほうのハンカチをのける。赤ちゃんのおもちゃの象徴が、成功した場所と結びついていることを示している。つまり象徴機能がまだ完全ではないのである。象徴機能が過去の習慣、くりかえしの行為とまだ結びついている。

物の永続性の実験の最後の課題は、おもちゃを見えないようにいろいろな容器に隠したときに、赤ちゃんがおもちゃをとりだせるかどうかをみる課題である。見えないものの追跡には、当然見えないものを頭のなかに象徴として保持しておかねばならない。この象徴機能の一応の完成は生後2年目の終わりころとされ、その時期は語彙の著しい増加の時期と一致している。おそらくこの時期にそれまでのさまざまな行為のつながりが内化し、象徴が機能しはじめるといえる。遊びでいうと、物の永続性の重要性は「いないいないばあ」で示される。この遊びでは、子どもは飽くことのない持続性を示す。物があるかないかの認識がはっきりする過程で、この遊びはその認識の確認の役割をはたす。

子どもは2歳の誕生日をすぎるころから、ことばを介して、それまでに獲得したさまざまな行為のつながりを表現する能力を獲得する。物があるかどうか、数が多いか少ないか、たくさんあるかどうか、もっと物が欲しいかどうか、好きか嫌いか、などが赤ちゃんの発する最初のことばに多くみられるテーマである。しばらくすると、距離があるかないか、空間にひろがりがあるか否か、時間が長いか短いか、物が重いか軽いか、などなどのテーマへとひろがる。これらは小学校に入学して学ぶことがらの基礎となる。主として物へのはたらきかけを介して発達する上記の認識能力は、もちろん家族、友人、保育所、幼稚園、野外活動の影響下で発達する。数が多いか少ないかの認識は、家族に言われてわかるのではなく、言われる前から、つまりことばなしで、物との交渉のなかで成立する。基礎的な数の概念をこえて、数の操作に習熟するかどうかは、まわりのひとびとの影響を受ける。

数字は1が基本で、それに1をなんども加えることができる、ある数になにも足しも引きもしなければ同じ数である、ある数に5を足して、5を引けばもとの数になる。ある数を5倍にしても、あとから5で割るともとの数になる。こうした知的操作のつながりは、赤ちゃんの行為のつながりと似ている。赤ちゃんは1m先に行って1mもどればもとのところにくることを行動で知っている。われわれのもつ知的操作は多数あって、それらは互いにつながっているけれども、そのつながりの基礎は生まれてまもないころに獲得していたのだといえる。

5　模倣はいつできるようになるか

子どもがすでにできる動作をおとなが見せると、子どもがそれを模倣することはかなり早い時期から観察できる。おとなが指の運動を見せると、6ヶ月くらいの子どもでもそれを模倣する。ところが、人差し指だけの運動はなかなか模倣できない。ピアジェの子どもはそれから3ヶ月してから、人差し指の運動の模倣ができたと報告している。子どもが発音可能な音をおとなが発すると、最初の誕生日をむかえる以前にそれを模倣することができる。おとながバーと1回言えば子どもはバーと1回発するし、2回言えば2回と、4回程度まではその数に応じて模倣をする。ここに数の理解の萌芽を観察できる。動作についても、子どもが見える範囲での動作の模倣はよく観察される。ピアジェが親指と人差し指の先をくっつける動作を子どもに示したところ、ちょうど誕生日のころに同じ動作を模倣した。

子どもが見ることのできない模倣に、人差し指をおでこにもっていく模倣がある。おでこは子どもにとってあまり興味のない部位である。さらにおでこは、鏡を見ないと見ることができない。モデルのおでこが自分では見えない自分のおでこに対応するとの認識がないと、この模倣はできない。ピアジェは娘にこの模倣をやらせようとしたが、なんども失敗して、人差し指を眼のところにもっていったり、耳のところにもっていったりしたが、ちょうど誕生日のころ、人差し指を額の中心、ピアジェが示した位置にもっていったと報告している。自分の見えない部位を頭に描くためには、まがりなりにも象徴機能がはたらく必要があることを示している。象徴機能がはたらくと、昨日おこったことを次の日に再現できるようになる。ピアジェの子は、ある日近所の子がプレイパン（安全に遊戯できる囲い）のなかで真っ赤になって泣いていたのを目撃した。次の日、穏やかな表情を見せて自分でプレイパンのなかに入って、その子の前日の行動を再現したという。[注]

注　もっと初期の模倣を示すものとして、実験者が舌を出して新生児がそれを模倣するかどうかの実験がある。舌は自分の目では見えない器官であるから、もし新生児ができるとしたら、新生児は自分の舌が実験者の舌と同じ器官であると認識していることになる。新生児ができるという結果がでたとき議論を呼んだ。この模倣が２ヶ月後には消えてしまうことから、泣き声やあくびの伝染のような共感の結果の模倣ではないかという議論と、いや本当の象徴機能があるのだという議論があった。

6　2歳から5歳までになにができるようになるか——象徴期・前操作期

象徴の代表的なものは、ことばである。マッチ箱の実験で、ピアジェは象徴とは行為の内化したものと定義した。すべての象徴にはあてはまらないであろうが、少なくとも幼児の発することばには、行為の内化で説明できるものが多い。たとえば車のブーブー、イヌのワンワンなどは典型的である。また貝殻をさして「カップ」と言うのも、物を支える行為の内化をみることができる。象徴期にはその前の段階でよく理解した物の言語的表現が多い。物がなくなった、もっと物が欲しいなどのテーマにかかわる発言が多く、それは物の永続性をあらわしている。

前操作期でピアジェの質問に、自己中心性を測定するものがある。「君のきょうだいの名前はなに？」「ジョン」「ジョンはきょうだいがいるの？」「いない」。これは前操作期の特徴のひとつである。自分からみた世界とジョンからみた世界がつながっていないことを示す。保存の実験でも同じである。細くて高い容器と広くて低い容器を並べて、同じ量の水をそれぞれの容器にいれる。「どっちがたくさんはいっている？」「高いほう」「どうして？」「高いから」。高いという特性に目がいってしまって、高い容器は同時に細いという特性を無視している。「高くても細いから」という関係の理解ができない。保存の実験では自己中心性を測っているのではなく、1つの特性にだけ注意がいってしまう心の動きを測っているけれども、注目すべき2つの事象に注意がむかず、相互調整ができない点で同じである。感覚運動期では行為のつながりの相互調整ができないことをみた。相互調整は知能の発達の核心ともいえる。

象徴期は、ままごととかお医者さんごっこに代表されるように、現実を自分のなかにとりこんで、現実にはできないことを象徴の世界で実現する。「熱い湯があるから台所に入ってはいけません」と言われたピアジェの子どもは、「私はおもちゃの台所に行く。ある小さな男の子が台所に行ったら追い出されてしまった」という物語をつくって、自分の行動を規制した。もっと食べなさいと言われた子どもは仮想の友だちをつくって自分が母親になりすまし、その子に「もうちょっとだけ、もうちょっとだけ」と言いながら食べさせる真似事をした。死んだアヒルが台所にあったことにショックを受けたピアジェの子どもは、そのアヒルと同じ姿勢でうずくまる経験をとおして、そのショックを乗り越えたとの報告もある。学童以前の子どもが家庭内・家庭外で心の問題をかかえるとき、診療所に行くと、真似事の世界で子どもの心の問題の再構成をうながすことが多い。

1922年のベルリンでの精神分析学会で、25歳前後のピアジェはフロイトの出席する場で、無意識の象徴をあらわす子どもの報告をしている。フロイトが患者の報告から再構成した理論に合致する、子どもによる物語である。「ある小さな男の子はお父さんが死んでげらげらと笑いました。お父さんが埋葬されると、この男の子は泣き出しました。まわりのひとがなだめなくてはなりませんでした。お母さんがベッドの上でこの子と一緒に寝ていたら、この子は突然お父さんになりました。ちっとも気がつかないうちにお父さんになったのです。どうして一夜のうちに大きくなったかといえば、お母さんがスプーンいっぱいのポテトを食べさせたからです。この子には小さな妹がいました。この女の子も突然お母さんになりました。まったく気がつかないでお母さんになったのです」。この物語の作者は、4歳2ヶ月の女の子である。男の子のもつ父親にたいする両義的感情（愛憎の感情）と母親と男の子の特別な関係をみごとに表現している。お父さんとは知らずにお父さんを殺してお母さんと結婚したという、エディプス王の神話そのものでもある。このほかにも小さな子どもたちが男女の性器の違い、尿の放出の状態などについて、おしゃべりをしていることを報告している。ふつうの家庭でおこる他愛もない話ではあるが、学術の世界ではいまだに手をつけられないでいる。

アメリカの発達心理学の教科書の著者キャサリン・バーガーがそのなかで、とりとめもない子どもの発言のなかにフロイトの理論を支持するものがあると書いている。バーガーはフロイトの理論には懐疑的であったが、娘が4人とも「大きくなったらパパと結婚する」と宣言したと紹介している。学術の分野で真剣に研究するならば、これらの話の個人差は思春期の異性対人関係の質を予測する可能性がある。たとえば父親と結婚したいという願望をもった女子はそうでない女子にくらべて、異性関係が安定しているという仮説が考えられる。この章の最後で述べるように、ピアジェ自身が晩年に、自分の理論とフロイトの理論の統合を真剣に考えていた。

7　6歳から11歳までになにができるようになるか——具体的操作期

具体的操作期は操作間の相互調整ができるようになる時期で、小学校にはいるころから低学年にかけて徐々にできあがる。先の典型例でいうと、水の量は同じであることをさまざまな理由をつけて正当化できるようになる。もともと同じ水だから同じであるとか、元にもどせば同じであるとか、高くても細いから高いからといって多いとはいえないとか、高い分だけ細いから同じであるとか、異なる次元の相互調整、つながりができてくる。子どもたちのこの発言のなかに、ピアジェは論理数学的な操作をみた。もともと同じだからというのは同一性、元にもどせば同じというのは可逆性、異なる次元の相互調整は相補性の操作である。

自己中心性を測る「3つの山」実験というのがある。子どもの前に前後左右がわかるように大きさの異なる3つの山を並べて、子どもの正面の山の向こう側に人形を置き、「あのお人形さんから見たら3つの山はどう見えるか」、写真から選ばせる。自分から見て前の山は後ろに、右の山は左に見えるはずである。この時期に、他人の視点から見たときの山の位置関係を把握できるようになる。2つの視点の関連を理解し、その相互調整ができることを示している。

物の保存や自己中心性を測る実験には、異なる材料を使うことができる。数、量、長さ、面積、体積などで実験をすると、正解に至る論理操作は同じでも、むずかしさが異なり、この順に困難度が増す。どれだけ多くの情報を同時に処理できるかの違いを示している。

8　12歳以後、なにができるようになるか――形式的操作の段階

形式的というのは現実をはなれて、という意味であり、反現実、現実にはありえないことがらにでも論理操作が及ぶという意味である。簡単な例でいうと、「ネズミはネコより大きい」「ネコはイヌよりも大きい」「一番大きいのはなんでしょうか」という問いに、形式的な段階になると、「ああこれは非現実の遊びだな」と理解する。そして「ネズミ」と即答できる。小学生だと「イヌ」と即答する。現実をみればたしかにイヌが一番大きい。現実をこえてイデアの世界・可能性の世界に行けるのが、形式的操作の段階といえる。

振り子の実験というのがあって、振り子の周期は振り子の重さで決まるか振り子の長さで決まるかを実験で発見させる。小中大の振り子3個と短中長の紐3本と振り子に加えて、周期を計る時計をあたえて発見させる。形式的操作の段階では、「もし重さが周期を決めるとしたら、同じ長さの紐だけを使って、振り子の重さを変えて周期を計ればいい。もし紐の長さが周期を決めるとしたら、同じ重さの振り子だけを使って、紐の長さを変えて周期を計ればいい」。このような論理操作を使って、順序正しく実

験を進めることができる。

現実をこえた世界とは可能性の世界、仮定の世界、イデアの世界、理想の世界であり、思春期あたりの子どもはこういう世界へと突入していく。小説を読んで、自分では出会わない世界に遊ぶことができる。哲学書を読んで、理想主義にひたることもできる。そういう世界に同一化すると、過激な行動にもはしることがある。自分を現実よりもみじめなふうにみることもあるし、反対に現実よりもはるかに能力があり、万能選手であるとみることもある。可能性の世界ではなんでも可である。

ピアジェ理論の精髄

ピアジェ派研究者を育てピアジェの著作の翻訳も手がけた波多野完治（１９０５‐２００１）が、ピアジェ理論の精髄についてやさしく解説した論考がある（『波多野完治全集』）。波多野はいう。ピアジェは段階説を唱えた学者とみられているが、そこには真髄がない。真髄は認識を構成する過程であって、それは不断の過程である。

たとえて言うと、小学校の教師が同じ教材を20年間教える場合を考えてみよう。いかにして生徒に感動を呼びおこすことができるか。20年間同じことを教える場合に、同じノートを使って同じ口調で講義をする教師がいることはいる。それでは生徒に感動を呼びおこすことができない。それではどうしたらよいか。教師自身が新たな認識を構成することである。前年に教えてから1年間、教師はさまざまな経験をする。自分が新しい自分になれば、同じ教材が新たな意味を獲得する。新たな視点から同じ教材を解釈する。教師自身が新鮮な感覚で1年前の教材にとりくむことができる。教師自身が感動をもって同じ教材を解釈するとき、生徒に感動を呼びおこすことができると。この波多野の見解は、21世紀のエピジェネティックスの水準に達していたといえる。

9　まとめ

ピアジェは10代でラマルク派生物学者として出発し、終始発達における行為の重要性を強調した。博士論文研究のあと哲学をおさめ、1年間パリのビネー・サイモンの知能研究の助手をし、テストの正答を集計してその結果にだけに注目する研究方法に別れを告げ、子どもがテストで見せるさまざまな誤答から理論を構築した。誤答のほうが研究者の得る情報が多いと主張し、知能の研究で自然主義の立場でもっとも大きなスケールの発達の仮説をみちびいた。何千何万という研究者が、実験の可能なテーマでピアジェの仮説を検証した。ピアジェと同じ実験をすると同じ結果が得られるという時代が何十年か続いた。ピアジェが最重要視した「行為のつながりの構成」に注目しないで視覚とか聴覚だけを使って解決できる課題を与えると、ピアジェが考えたよりも早い時期に子どもたちは能力を獲得するというのが、これらの研究者の結論である。たとえば電車のトンネル通過の舞台をつくって、物の永続性のない子どもに見せると、トンネルの入り口で電車が見えなくなったあと、あたりを見回すのではなく、出口を見るという結果がある。手でトンネルをのけるという行為ができる以前に永続性があるという結論である。行為とのつながりを見なければ当然得られる結果である。多数の研究者の努力にもかかわらず、誰ひとりとして、ピアジェの理論に代わる21世紀の理論を提唱したものはいない（スペルキを参照）。

その一番の理由は、ピアジェの進化学の視点ではないだろうか。ピアジェが生物学を学んだのは20世紀初頭であるから、ダーウィン仮説の近代統合理論が成立する30年ほど前になる。進化の過程で行為と発達が重要であるというラマルク仮説がまだ十分に影響力をもっていたころであり、ダーウィン自身の著作でも、同じように発達の重要性の主張を読み取れるころであった[注]。

ラマルクを読んでもダーウィンを読んでも、発達の過程の重要性を読み取れるころに、ピアジェはその正統性にもとづいて発達の理論を構築したからこそ、１００年に近い年月を生き残ることができたのであろう。ピアジェ晩年の著作『行動と進化』では、ラマルクの著作をダーウィンのそれよりも頻繁に引用して進化における行為の重要性を強調し、同時に行為の重要性を理論化したウォディントンを20世

注　ダーウィンの『人間の由来』には、女は優しいけれども馬鹿であるという記述がある。ダーウィンはそこから出発して、それでは女を賢くするにはどうしたらよいか提案している。ダーウィンの提案は胎教である。女が身ごもると同時に教育を受けさせ、その教育効果を期待するという提案である。ダーウィンはパンジェネシスというギリシャ時代の理論で遺伝を考えていたから、賢くなった女の血がもともと賢い男の血と混ざれば、子孫は賢くなるという仮説がみちびかれる。これは獲得形質の遺伝そのものの提案である。その時代、遺伝子も遺伝についても知られていなかったのでこのような荒唐無稽な考え方はありえたし、素人考えでも十分に合理性があった。受精卵の発達の章でみたように、この胎教の提案は教育を重視するという点では両性にとって都合のよい提案である。単なる提案であるばかりでなく、妊娠中の母親の生活が胎児にとって大切であるというのは、科学的証拠によっても裏づけられている。

紀最大の進化学者として評価している。エピジェネティックスが形をなすはるか以前に、その線にそって発達を考えていたといえる。

20世紀初頭、ピアジェが無名であったころ、ただひとり、ソヴィエトのヴィゴツキーという学者がピアジェの仕事に注目していた（波多野完治も注目したが歴史の教科書には登場しない）。歴史のところでふれたように、ヴィゴツキーは社会関係の内化としての知能の発達を考えていた。その基礎にパブロフの条件反射を置き、同時にマルクス主義の歴史性をとりいれ、われわれの高度の知的活動がどう形成されるかを理論化しようとした。発達の最近接領域の理論がその具体例である。早世したので、それ以後の発展は後継者によってなされた。ピアジェが論理数学的な操作が行為の内化であると説明するのにたいして、ヴィゴツキーは社会関係、つまり師弟関係での教示が発達の原動力であると説明した。

たしかに大学までの教育では、教示によってわれわれは多くの知識を身につける。そういう意味では、研究者の獲得する能力は社会関係の内化で説明しやすいはずではある。ところがヴィゴツキーの理論では具体的過程が示されていないので、誕生から成人期までの発達段階理論としては不十分である。社会関係の内化の仮説は、行為の内化の仮説と結びつけられる可能性を残している。ピアジェは行為の内化としての論理数学的操作は、それぞれの専門分野のひとたちが研究内容に適用して彼らの発達がおこると提案している。歴史のところで論じた天才たちの仕事をかえりみて、誰かに教えてもらってできたものではないと結論するならば、ヴィゴツキーの社会関係の内化仮説は説得力に欠ける。天才ではないふつうのひとびとの発達を論ずるとき、両巨匠の理論はそれぞれ説得力があるが、ピアジェの理論によると発達とは常に新しいつながりを構成する過程であるから、天才の仕事をより容易に説明することができる。もちろん、エピジェネティックスの仮説にも忠実な統合的な理論である。

最後に、フロイト理論との統合の可能性について論ずる。1972年、ピアジェはその統合が可能であると、『子どもと現実』で述べている。この章で先に、ピアジェが若かりしときベルリンでフロイトの前でフロイト理論を支持する研究発表をおこなったことにふれた。抑圧のない乳児が組み立てる行為のつながりは無意識的におこなわれ、これを認知的無意識と名づけた。3・4歳の子どものつくるエディプス王の話は、認知的無意識の結果である。フロイトのおとなの患者の口からでるエディプス的な話の場合は、何年もかけてその抑圧をとりのぞく作業のあげくの、情意的無意識の表現である。これは統合というよりも、単なる共通の事実と解釈できるけれども、ピアジェ自身はこの統合を真剣に考えていた。ピアジェの形式的操作の提案とエリクソンの成年期の理想主義的傾向、最終段階で自分の人生をこえて人類愛へと思いをはせる傾向などは、統合可能である。ともに可能性の世界に到達したときに可能となる事態をあつかっている。

蛇足として筆者の視点でいうと、ピアジェの論理操作の発達とフロイトの防衛機制の発達がもっとも統合に熟した状況にある。ピアジェでは論理操作の不断の変化が中心のテーマであった。フロイトは人間関係のなかでひとびとが幸せに生きていくにはどうしたらいいかを追求していた。子どもが父親母親の権威をわずらわしいものと感じるとき、同性の親との同一視を通じてその葛藤を乗り越えていく。これはふりをするごっこ遊びといえる。誰でも親の権威は関心の的であり、一生かかって、それを乗り越えていく。そのときに、自分は道徳的には親を乗り越えた、社会的には……などと、自分の自己意識を守る行為をする。論理操作の不断の変化と自分の正当化（自我の防衛ともいう）の不断の努力は、現実の処理から観念の上での処理へと変化する。論理操作の変化は自省的思考への運動であるし、より成熟した防衛機制への変化もまた自省的思考への運動である。知的操作の習熟と防衛機制の習熟は、似た形で進むのではないだろうか。

第6章　愛情の発達学

愛情とはなにか、永遠のテーマである。どの時代にあっても、一流の文学者が表現しようとしたテーマである。アントン・チェーホフが彼の文学で表現したように、愛の形態はさまざまであると言ってすますわけにはいかない。さまざまな形態を統一するのはなにかをみよう。発達を学としてあつかう立場から、「愛とは自己が他者との融合にむかう運動である」と、一応定義しておく。表面的にみるとこの運動が思春期におこることから、性愛はそのころから発達すると伝統的には理解されてきた。これにたいして、ギリシャ哲学の代表者の神話理論によると、性愛は生まれる前から存在する。男と女は太古の昔、ボールのような1つの個体であった。その個体はあまりにも横暴であったので、横暴をおさえるべく神がそれを分離し、２つの個体にした。それゆえ男と女は、かつてのボールのような1個体になるべく、運動をする（この話は神話であるにもかかわらず、21世紀の科学的見解と矛盾しない。その見解によると、無性生殖から有性生殖をする個体があらわれて以来、有性生殖をする個体は異性個体との融合をもとめて、自己のコピーをつくる活動、つまり子孫を残す活動を続けている）。

神話によっても21世紀の科学的理解によっても、有性生殖をする生命体は生まれたときから、より正確にいえば受精時から、両性が相手をもとめて運動をすることになる。受精というのは、卵子がたった1つの精子を選択する活動である（相手をもとめる活動を「婚活」となづけるならば「婚活は受精にはじまる」という仮説である。「婚活は成人してからはじまる」という対立仮説にくらべてどれだけすぐれているかどうか、検討しよう）。成人してから相手をもとめるというと、なにがきっかけで相手をもとめる活動がはじまるかを説明しなければならない。思春期のホルモン分泌という説明がある。まわりがけしかけるという説明もある。しかしそれでは十分な説明にはならない。ホルモン分泌の時期を用意する十数年におよぶ長い個体の歴史を無視しているからだ。さらにいうならば、有性生殖がはじまってからの歴史をも無視している。

生まれてからの愛情の発達の説明は精神分析学が提供しているのにたいし、その前の準備期間については受精卵の適応能力（胎児プログラミング仮説）が説明している。受精卵の発達学のところで、この適応能力について詳しく説明した。相手をもとめて融合する運動はその結果、子どもの誕生と養育をもたらす。つまりこの運動は人間の歴史をつくりだした原動力であり、個人でいえば次の世代を創り出す原点である。男女の営みは発達の営みと軌を一にする。有性生殖をするすべての生命体についても同じように、異性をもとめる運動が彼らの「歴史」をつくりだしたといえる。相手をもとめ相手と融合する運動は、生命体のもっとも中心的な運動といえる。その意味で愛情の発達は人間の発達の中核をなし、すべてのほかの領域の発達をそこへと結びつける。

有性生殖をする生命体は異性をもとめて運動するといっても、すべての生命体にあてはまるわけではない。同性をもとめて運動する生命体は存在する。人間ではおよそ5〜10％のひとびとが性的少数派とされている。そのなかには同性も異性ももとめない者もいる。この1〜2％程度と推定されるひとびとを除いた大多数では、異性か同性をもとめて運動をする。この章では両者をふくめた愛情の発達を記述する。相手をもとめる運動を受精卵の段階から死に至るまで考察すると同時に、個人をこえた愛情をも考えてみる。家族愛、同族愛、愛国心、人類愛、動物愛護、環境保全愛などが個人をこえた愛情の例である。

個人をこえた愛情は個人のいだく愛情をもとにしていると同時に、個人のいだく愛情に影響をあたえる。人類愛のもととなるものはなにか。さまざまな形をとる愛情は時代によって変化してきた。人類発祥のころには国家は存在しないので、愛国心も存在しない。世界がグローバルになってはじめて地球温暖化の概念が生まれ、炭酸ガスの排出を制限しようとする環境保全運動がおこる。社会革命や自然保護運動のなかではぐくまれる男女の愛は、社会派小説によって心理学者によるよりもはるかに劇的に描かれている。

誰でも知っているように、愛情には破たんがともなう。赤ちゃんが突然母親を戦争、投獄、事故または病気で、失うことがある。発達途上の子どもが災害などで家族を失うことがある。愛するひとどうしのあいだで破たんがくることがある。心中をすれば両人の精神的苦悩はそこで終わるにちがいないけれども、まわりのひとびとの苦痛はさけられない。離婚を理性的におこなう夫婦はごく少数派であろう。老夫婦は一方の死を予期せざるをえないし、実際におこった場合は悲嘆の作業（悲哀の仕事ともいう。老化と死の発達学の章であつかう）をすることになる。長時間をかけて気づく愛情関係と同時に、それが破たんしたときにおこる現象をもっとも深く掘り下げたのは、フロイトとエリクソンである。彼らの提唱した精神分析学仮説を中心に、個人の愛情の発達を検討する。

個人の愛情の発達はその個人の自我の発達でもある。自我とは自分はなにものかの問いに答える自己意識である。しかし受精の段階ではそのような自己意識はないわけで、適応能力をもった生命個体が後に自我をつくりあげる潜在性をもっているといえる。この生命体がことばで自分はなにものかをいえる最初の時期は2歳前後であることから、そこで素朴な自我がつくられるとみてよいだろう。誕生から2年間は自他の区別、男女の区別、さまざまな顔の表情、規則性の自覚、物理学の原理、因果法則、音の弁別、父母の声の弁別、外国語の音の弁別など、あらゆる分野での能力を発達させて、自分はなにものかの問いに答える準備をする。2歳前後にあらわれる自我意識はその後さまざまな経路をへて、青年期の可能性の世界とのかかわりをもった社会的自我意識へと変化していく。

個人をこえた愛情は家族愛、祖父母への愛、先祖を形成した集団への愛、国家への愛、同盟国への愛、人類愛、環境保全愛などをあげることができる。人類の発生当時は種族が単位であったと推測されることから、種族同士の友好関係と敵対関係があったと考えられる。アインシュタインが第一次世界大戦の惨事をみて、戦争を防ぐことができないものかと考えたあげく、この分野で最高の知恵をもつと彼が判断した人物に書簡を送った。その人物がフロイトである。愛情とその破たんのエキスパートが戦争防止の提案をしている。戦争防止の提案は、逆に、個人の愛情の発達を豊かにするための示唆をふくんでいるので、このテーマにもふれてみる。

まず、受精卵が個人の発達のはじまりであるにもかかわらず、その前におこるできごとで「愛情」のテーマにふさわしいものを考えてみる。心理学の教科書などではあまりふれられないテーマである。有性生殖の歴史を考慮するならば自然である現象について考察する。

1　受精前後になにがおこるのか

受精以前に愛情の発達にかかわる重要なできごとがあるのだろうか。卵子ができる過程をみてみよう。卵子は高校の生物学の教科書にあるように、46の染色体をもつ1つの体細胞が23の染色体をもった生殖細胞へと減数分裂してできる。精子も同じである。これらは生殖細胞と呼ばれる。生殖器官である卵巣と精巣のなかで、染色体を半数にする作業がおこなわれる。女子のつくる半数体が卵子であり、男子のつくる半数体が精子である。卵子は女児の誕生時に最高の数を記録し、その後は減り続ける。生殖可能な年齢で、受精可能な卵子の数は10万ほどと推定されている。自然の状態では、閉経時にこの数は0となる。男子では思春期にはじめて受精可能な精子が生産される。単位時間あたりに生産される精子の数は20歳以前に最高を記録し、その後は徐々に減少する。

卵子も精子も減数分裂でもとの細胞が半分になるという事実は、20世紀になってから人類が得た知識である。半分になるときの過程は1953年のワトソンとクリックによるＤＮＡの構造の発見によって、さらに鮮明に理解できるようになった。周知のとおり染色体は2本ずつペアになっていて、この2本はからみあって細胞のなかにある。1本は父親経由で、もう1本は母親経由である。先代からくる染色体は一部はなれて父親のほうの染色体に合流することもあり、同じく母親のほうの染色体に合流することもある。からみあった2本は減数分裂のときに別々に解けていく。ここで「もともと1つのものが半分になる」いう2500年前のギリシャ神話理論を思い出すと、まさにそのとおりのことが生殖細胞誕生のときに観察される。

ギリシャ神話の理論では、次に「このときに分かれた生命体が相手をもとめて運動する」とされることは前述した。その運動は精子の運動でもある。卵子はそのための運動はしない。卵子は卵巣から定期的に放出される。月齢に対応する周期である。卵子には相手の選択をする役割がある。精子は選択される。受精卵の発達学の章で、受精卵の不思議をみた。父親が一回の射精で提供する精子の数は1億前後と推定されている。そのうちのたった1つが卵子によって受容される。1つの精子が卵膜をやぶると、ほかのすべての精子は死に絶える。どれか1つが卵膜をやぶるいっぽう、卵子まで到達できない精子は無数といえる。精子は、その大きさからみると不可能に近い長距離を動かなければならない。速く動き、持久力のある精子のみが受精に成功する。1億分の1の選択は自然選択である。卵子は個体ではないし、精子も個体ではないが、それでもここに融合の事実がある。受精という現象自体2つの生命体の融合であるから、愛の定義の一部を満たしている。少なくともYを男性的なる生命体、Xを女性的なる生命体とするならば、男子受精のときには女性的なる生命体と男性的なる生命体の融合であるから、愛の運動がそこにそのまま存在する。女子受精のときは女性的なる生命体と女性的なる生命体の融合であるから、通常の表現とは異なるけれども、それは「同性愛」の原型といえる。ミリミクロンの世界でおこる事象が、現実世界の男女の運動をどれだけ予見するのか、そういう議論が可能なのか、不思議な気持ちに襲われる。

精子の特徴でさらに驚くことは、その戦闘能力である。デイヴィッド・バスの『進化心理学』で紹介されているが、20年ほど前のこと、ある研究者が２人の男性の精子を混合して観察した。なにがおこったろうか。殺し合いである。精子の戦闘能力は顕微鏡で観察可能で、その精子はY染色体をもっていた。ここでも自然選択がおこっている。受精卵という生命ができる以前の段階で、潜在的生命の行動は本当の生命個体の行動に似ている。あまり科学的でない表現を使うならば、「自然の摂理」がはたらいている。

2　受精卵の成長

受精卵の章でみたように、個体は生きのびるためには受精の段階から臨機応変に適応をする。母親が飢餓状態になったときに胎児がおこなう適応行動は、犠牲にできる器官を犠牲にして、ともかく生きるために必要な器官を死守する。それは生殖に必要な器官である。自分だけが生き残ればいいという以上に、子孫を残そうとする。こうして生まれた赤ちゃんは、そうでない赤ちゃんにくらべて早期に性成熟を達成し、子孫を残す活動をする。子孫を残したあとは肝臓心臓など肝心な臓器に障害があらわれ、いわゆる生活習慣病にかかりやすくなり、寿命が短い。生殖のために寿命までも犠牲にする。胎児の段階でおこる他者との融合に必要な体の準備は、十分に性的活動である。もちろんこの段階はひととして生まれる前の準備段階であって、日常会話で使う「性的活動」を意味しない。将来の性的活動に必要な個体の適応行動、ここでは生殖に必要な器官の形成が胎児期にあるという意味である。

3　個人の愛情の発達

このテーマを考えるとき、もっともスケールの大きい生命の歴史観をとるならば、命に限りある生命個体は自分のコピーをつくることで、次世代の創成をするという点を強調する必要がある。限りある命をもつ自分自身の子どもをつくることで、限りない命への連鎖をつくるのである。38億年前に誕生したとされる単細胞、原始生命体は、生きとし生けるものの祖先であり、われわれ人間も例外ではない。原始生命体は５００個の遺伝子からなると推定され、それらの遺伝子は現存する植物にも動物にも受け継がれている。

有性生殖がはじまるのは、それから10億年以上たってからのことである。有性生殖をするほかの生物と同じように、われわれは子孫をつくるという生命の営みに参加している。ほかの生命と違うのは、われわれはその営みを理解しようとする点で、人類の歴史上のさまざまな試みは歴史についての第1章と第2章でみたとおりである。日常生活ではあまり気がつかないけれども、死を乗り越える生への運動が愛情の発達の核心である。生への運動は、自己が他者をもとめて融合する運動である。愛情の発達とは、自分が生殖可能な生命体になると同時に、生殖可能な相手をもとめ、融合し、その結果、生殖可能な次代を創成する営みである。相手をもとめる以前の長期間にわたる準備の作業もまた、愛情の発達のなかにふくまれる。

乳児期

生まれてまもなく、赤ちゃんは乳を吸う。そのときの赤ちゃんの表情をみると、真剣そうにみえる。ほおを赤らめ、快を体験しているかのようである。生きるという生命力のはたらきの核心が、快の追求である。生後3ヶ月にもなると、母親の顔の輪郭ばかりでなく、眼の表情もはっきりと見ることができるようになる。微笑みが相互の活動となる。精神分析学者たちは、ここに愛情の発達の源泉をみた。思春期の子どもたちは、自分の体のどこに快を感ずる性感帯があるかを知っている。赤ちゃんはそういう意味では知らないけれども、口のまわりの性感帯を体験しているといえる。一般向け育児書を読むと、どの本にも性器への興味、マスターベーションの項目があって、これは正常な行動であるとの記述がある。赤ちゃんが快を追求する生命体であると前提をおいて誤りはない。赤ちゃんでは快を感ずる活動と愛の対象への接近活動が未分化であるのにたいして、思春期では両者が性器の活動をとおして明確に結びつく。

口のまわりに快を経験すると同時に、毎日の生活のなかで空腹の体験が乳を吸うことによって満腹感をもたらし、生活に規則性があることを経験する。この規則性の経験が、赤ちゃんの自分をとりまく世界への信頼感につながっていく。空腹時に泣くと世界が動くという信頼である。昼と夜が規則的にやってくることも、この信頼の発達に貢献する。規則性が頻繁に乱されると、信頼の発達に障害となるか不信の発達となる。とはいえ、信頼の発達に障害となる事象が皆無では、信頼の確立には至らない。信頼の発達に貢献する事象と障害となる事象のバランスが重要である。無菌状態で育つと抵抗力がなくなり、無菌状態をでると早く死んでしまうのと同じ原理で、信頼の発達を脅かす事態が皆無では、健全な信頼の発達はおこらない。この原理は、乳児以降の発達でも同じようにあてはまる。

信頼をもたらす対象が母親、またはそれに代わる者であることを忘れてはならない。愛の主な対象は、男の赤ちゃんにとっても女の赤ちゃんにとっても母親である。乳母に育てられた場合は母親にくわえて乳母が代理母である（母子関係を前提とするのは差別的であるという意見がある。しかし現生人類であるホモサピエンスが登場して20万年のあいだ、新生児に乳を提供できない場合は新生児の死以外の選択肢はなかった。新生児には乳を供給できる女性が不可欠であったという事実は認めていいであろう）。20世紀になると殺菌されたミルクや調合乳が生産され、授乳する女性が不可欠ではなくなった。また、最近は同性愛者の結婚が正式に認められ、父親2人の家族ケースが増えている。その場合でも授乳は十分に可能である。母親2人の家族ケースでは、伝統的家族の場合と同じように授乳は解決済みである。授乳以外の快をもたらす対象は、おそらく2人の母親であろう。男性家族の場合に快をもたらす対象は誰か。それはおそらく

2人の父親であろう。とはいえ、ここに性差が存在しないとは言いきれない。仮説としては、父親2人の場合のほうが母親2人の場合よりも快をもたらす対象が少ないと提案できる。対象の範囲の確認は将来の課題である。愛の対象が母親または乳母または父親であるというのは、自己愛の範囲内での話である。自己と他者が未分化であるから、ぼんやりとした対象といえる。他者とは明確に区別された自我または自己意識は、青年期までの長い道のりをへて形成される。

幼児前期

1～2歳くらいの赤ちゃんは、排泄にかかわる快体験をする。と同時に、すべての赤ちゃんは排泄の失敗をする。快体験をする器官が口から肛門へと変化する。排泄にともなう快体験と不快体験をとおして、自分の体の動きをコントロールできるという自信がめばえる。どうやったら不快なしの排泄ができるかを学ぶ。手でものを握って手放すのは乳児期のかなり早い時期にできるようになるが、肛門の保持能力と放出能力の局面でもそれが可能になる。物をつかんだり放したりだけでなく試行錯誤をとおして排泄できるようになり、さらには自分で着替えができるようにもなる。自律の確立である。自分の体の動きをコントロールできないと恥を学ぶ。保持と放出は体の機能だけではなく、対人関係にも及ぶ。愛の対象の近くにいたいという欲求が同時に、そこをベースにまわりの世界の探求をしたいという欲求をも呼びおこす。世界の探求には五感ばかりでなく、自分の体の動き、手足の運動を総動員して、対象の保持と放出をマスターする。

このころ、自分が男の子か女の子かをことばで表現できるようになる。自分の名前もわかるようになる。自分の性別意識がしっかりすると、大多数の男の子は男の子のおもちゃで、女の子は女の子のおもちゃで遊ぶようになる。２歳までは男女とも同じ程度の攻撃性がみられるのに、このころを境に攻撃性が女児で少なくなる。性役割獲得の最初である。同じことだが、同性集団に加わる傾向が観察される。この段階では、同性集団に加わらない同性の仲間を制裁することはない。この段階で性同一性障害の子どもは自分の体と心が一致しないことに気づき、それをおとなにわかるように説明することがまれにある。

幼児後期

３～５歳くらいになると、性器のある部分（男の子ではペニス、女の子ではその対応器官であるクリトリス）に性感帯があることを発見し、異性の親にたいし積極性、親近感をもつようになる。異性の親の性器の形状に興味をもったり、自分の性器に興味をもったりするのは、ずいぶん早い時期からごくふつうに観察される。ことばの表現も豊かになり、両親の愛情表現がある家庭では、「大きくなったらパパと結婚するの」という愛らしい表現があらわれる。異性の親にたいする積極性が昂じると家庭崩壊をもたらすから、それは罰せられなければならない。善悪の判断基準である倫理観の成立である。古典派精神分析家によると、親の制裁が内化して倫理観が成立するとされる。次の例では、言語的説明で倫理観をうえつけようとするのが見てとれる。

先述したがキャサリン・バーガーという発達心理学者は、その教科書に自分の子どもとの会話を載せている。彼女はフロイト理論には懐疑的な学者である。長女のベサニーは言った。「大きくなったらパパと結婚するの」バーガー「パパは私と結婚しているのよ」ベサニー「大丈夫だよ。ママは私が大きくなったら死んでるよ」バーガー「パパは私よりも年とっているから、私が死んだときにはパパも死んでるよ」ベサニー「大丈夫だよ。パパが死んで生まれ変わったときに結婚するんだよ」。困惑するママにベサニーは追い討ちした。「心配しないでいいよ。ママが生まれ変わったら私たちの赤ちゃんにしてあげる」。それから何年かたった。次女のレイチェル「大きくなったらパパと結婚するの」、バーガー「パパは私と結婚しているのよ」、レイチェル「それだったらダブル結婚式ができるよ」。また何年かたった。ヴァレンタインの日に三女エリッサはパパにカードを贈った。そこには「ママをすてて私をあなたのヴァレンタインに」と書いてあった。また何年かたった。四女サラ「大きくなったらパパと結婚するの」、バーガー「パパは私と結婚しているのよ」、サラ「大丈夫だよ。パパは2人妻がもてるんだよ」。

女の子の場合は、ここで愛の対象が母親にくわえて父親にもひろがり、人間関係の複雑さを体験する。上の例でわかるように、母親にたいする愛は確固としている。父親が愛の対象でありながらその関係のなかに母親をいれる。母親が困り果てた顔をすると、母親が生まれ変わったときには自分の家族の一員にしてあげるという発言は、この問題の上手な解決法である。おとなになってしまうとこういう発想はできない。家族内の葛藤をよく認識したうえで思いをめぐらせるさまが生き生きとしている。男の子の場合は、もともとの愛の対象であった母親がいっそう強固な愛の対象となる。思春期のはるか以前に「結婚」というあからさまな表現で異性愛をうたうとき、それを性的でないと否定するのは学術的には困難である。バーガーはそう譲歩している。父親母親が個人としてこれを否定するのは自由である。

4歳ころになって子どもたちに読んで聞かせる絵本には、性的なテーマをあつかった物語が多い。『竹取物語』『白雪姫』などは代表的例である。フロイトの理論提唱の100年ほど前の作品であるから、フロイトがはじめて児童性欲を論じたのではないのは明らかである。具体的な人間関係のなかでの子どもの行動が「性的」であるかどうかを判断するときに、ことばの表現だけではなく、目つき、ふるまい、身体接触などをよく観察する必要がある。「性的なる行動」を測定するテストができたならば、異性との融合への運動を科学的証拠でかためることができる。あるいは上記の子どもたちの「母親とのやりとりの質と思春期以降のデート行動が関係する」という仮説の検証もありうる。

異性の親にむかう関心は、自分の体と世界をこえて他者の世界への積極性のめばえとみることができる。自発的に外的社会のできごとに関心をむける。白雪姫の世界、桃太郎の世界、動物の世界、植物の世界、星の世界などなど、子どもの図書館へ行くと、子どもの興味をそそる図書をみることができる。おとなの知っている世界のほとんどすべてが、子どもにも図書を通じて開かれている。赤ちゃんがどうやってうまれるか、男と女はいかなる性質をもっているか、子どもの図書館に行くと、やさしい性の解説書が用意されている。

性的存在としての子どもをあるがままに科学的に理解するばかりでなく、社会的にもこの事実を認めることが必要である。子どもが性的存在であるのに、それを認めないのは子どもの権利侵害になる。「性同一性障害」が近年注目されている。性器の形状と性別意識が一致しない子どもたちがいる。男の子とまわりが判断するにもかかわらず、意識では女の子としてふるまう欲求をもつ。女の子の服装をまとい、髪を長くし、人形で遊び、女の子の集団に所属することを願う。心理学では100年以上も前に、ピンクボーイと名づけられた子どもの報告がある。いまや先進諸国では、ピンクボーイまたはブルーガールが幼稚園や小学校で市民権を得つつある。具体的には、こうした子どもたちの両親または保護者がクラスの全員の両親または保護者に手紙を書いて理解をうながすことがある。実際的には、男女別のトイレにくわえた3番目のトイレの設置である。ＬＧＢＴ（レズビアン：同性愛の女性、ゲイ：同性愛の男性、バイセクシュアル：両性愛のひとたち、トランスジェンダーまたはトランスセクシュアル：性役割転換者または性転換者）の社会的権利が認めはじめられているなか、子どもたちの性的権利も認められはじめている。ふりかえってみると、こういう性的少数派の権利を認めなかったのは、人権蹂躙の罪を多数派が犯してきたことになる。平等を唱えた合衆国憲法を起草した本人が奴隷を雇っていて矛盾を感じなかったのと同じ種類の罪である。

家庭のなかで異性愛が昂じると、家庭崩壊をもたらす。家庭生活が順調に進むためには、異性愛と家族愛の折り合いが必要である。子どもたちはいかにして、この折り合いを発見するのであろうか。家庭崩壊を防ぐために、当然親は子どもの異性愛的行為をしかる。他の行為、たとえばおもちゃを壊す、コップを割るといった悪さよりもはるかに厳しくしかりとがめる。子どもは当然不安におののき、恐怖におそわれ、罪悪感を経験する。どうしたらよいか。自分が異性の親となると想像すれば解決できる。自分は「パパ」と想像することによって、「ママ」と対等な関係をきずける。こうして、男の子は「パパ」の行動を真似てパパであるかのように行動する。女の子は「ママ」の行動を真似てママであるかのように行動する。言いかえると、権威への同一化をとおして善悪の基準を獲得する。父母に代わって、教師や親類の叔父叔母、祖父母、物語にでてくる登場人物なども、価値基準の獲得に貢献する。こうして子どもたちは、家庭内で価値基準を学ぶ。最初は家庭内の葛藤のあるドラマの解決があり、それをとおして、社会全体にある価値の体系を学ぶ。さらに社会のなかに尊敬できる対象が見つかると、そういう対象になりすました行動をとるようになる。尊敬する人物または思想への同一化は、思春期以降には際立った特徴になる。

男の子の愛の対象が生まれたときから同一であるのにくらべて、女の子の愛の対象は生まれたときの母親から父親に移行している。ただし完全な移行ではなく、母への愛を保持した同時進行的な父親への愛である。先のバーガーの娘たちは、同時進行的愛を研究者以上に鮮明に表現している。あるときには母を無視したり敵視しても一時的なことが多い。この両性愛的関係は、のちの女の子の人間関係を理解する上で重要である。就学以前の子どもたちはこのように複雑な人間関係の謎を解きながら、社会への積極性を獲得する。謎解きに失敗したケースでは罪悪感に悩まされる。

学童期

こうして子どもたちは、自身の性的存在を忘れたかのようにふるまう。そのため潜在期（性衝動が潜在的になる時期）と名づけられている。ちょうど小学校入学という大きなできごとがおこるころと一致する。読み書き算術という社会の成員となるために必要不可欠な技能知識を身につけるために、多大な時間を使う。それ以外にも音楽、スポーツ、外国語、楽器、絵画、ダンス、などの分野で、社会の成員に望ましい技能知識を身につける。人間関係では仲間と遊ぶなか指導性、競争と協力、問題解決の技能を身につける。家庭環境の外でおこる体験では常に失敗がともなう。誰でも劣等感を経験する。知識の習得と人間関係で失敗しなかったひとはきわめてまれである。成功と失敗を重ね勤勉さを習得する。

性的存在を忘れたかのように行動する小学生たちでも、ひとたび同性の仲間が、その性にふさわしくない行動をすると、容赦なく制裁したりいじめたりする。エレノア・マカビーは実証研究でもこの点を確認している。この強烈な制裁行為をみるかぎり、小学生でも自分の性を強く意識し、その性にふさわしい行動をしようと意識的に日夜努力していることがわかる。児童後期に親の制裁を受けた結果つくりあげた価値観にもとづいて、ほかの仲間たちの「性的逸脱」を、親が自分にしたように、制裁する。もちろん制裁をするほうの子どもも制裁を受ける子どもも、何年か前に親に言われたこととの関係を意識しない。性的少数派に属する子どもたちは、典型的な男の子、典型的な女の子の行動をしないので、「性的逸脱者」として、多数派の制裁の犠牲となるケースが多い。

表面的には性を忘れたかのように行動するのは家庭内であって、仲間のなかでは広い意味での性行動が同性集団にむかう。異性仲間には入ってはならないタブーがあるかのように行動する。制裁行動は、男の子の集団でより強烈におこる。女の子の集団では異性集団へ近づく同性の成員を話題にする。古典少女小説では、小学校のときに「大嫌いな男の子」であった人物と10年後、高校卒業後に結婚するという話が多い。学童期は一般に性的潜在期と名づけられているにもかかわらず、小学校時代の異性への関心は強いといえる。異性が大嫌いになるのは自分の性の確認でもあり、自分が異性にならないための努力ともいえる。性的少数派と呼ばれる子どもたちは、この段階でも快適な場所を見つけることができない。学童期の子どもに配慮を期待するのも困難である。

思春期

中学生時代は、誰もが思春期の体の変化を感じる時期である。背が伸び、声が変わり、それぞれの性に特徴的特性があらわれる。第二次性徴のあらわれである。第二次性徴で男女差のもっとも大きいのは脂肪の蓄積で、女子に脂肪の蓄積が十分でないと初経がはじまらない。自己の性意識と異性への性愛意識（自分を男とみるか女とみるかの性別意識と区別して、同性を好きになるか、異性を好きになるか、どちらも好きになるか、どちらにも無関心などの傾向をあらわすために、セクシュアリティーという外来語を使うことがある）がはっきりとし、90％以上の性的多数派では異性に関心をよせ、異性愛をいだくようになる。この段階になって「子どもは性的存在である」という仮説を否定する者は誰もいない。自分の性意識が多数派と異なる少数派は危機に遭遇する。ＬＧＢＴへの理解が足りない社会では、健全な精神生活を営むことは困難である。半世紀前には、米国でも性的少数派はいじめに遭遇したり、殺されたり、自殺する例が多かった。今でも、カミングアウトをした学生がそのルームメイトから家具破損等のいやがらせにあう事件が学生新聞に掲載されている。

高校生、大学生の時期になると、自分はなにものであるか、他者はなにものであるか、どんな職業生活をめざしているのか、どんな人物を相手としてもとめているのか、政治や宗教の分野でどんな思想をもっているのかなど、可能性の世界で自分の位置を探ろうとする。さまざまな職業があるなか、どの職業を選択するのか。さまざまな人間がいるなか、どのひとりを好きなひと（または伴侶）として選択するのか。新聞記事を読み小説に親しむなか、さまざまな可能性のある政治的社会的宗教的世界を構成し、そのなかでの自分の可能性を選択する。古来言われているように、自分がなにものかを知るのは至難のわざである。選択に成功すれば、自分がなにものか確固たる意識を確立することができる。言いかえると、自分とはなにものか、昨日も今日も明日も同じ自分であるという意識と、世界のなかでの魅力的対象が将来も安定しているという意識が形成される。

心理学では、これを自我アイデンティティの確立という（毎日同じである自分とその自分がある価値観と同一視して自分のものとすることを同時にあらわすことばとして、自我同一性、または自我アイデンティティが使われる）。日常語では「私」の確立、自己意識の形成でかまわない。思春期以前にも当然自我アイデンティティはあるけれども、準備段階のものである。確立といっても、ここで終わるわけではない。生涯にわたって自分はなにものかを問い続け、さまざまな経験をまとめあげながら、新たな「私」の自己意識をつくっていく。発達学の構成主義の例である。

世の中には、自分に満足していないひとびと、さらには自分が大嫌いなひとびとがいる。先にあげた例でいえば、胎児期に飢餓に瀕した個体の行動は社会一般の基準からそれてしまうので、自分に満足しにくい過去をもっているといえる。生まれてから性愛の発達を阻害するような虐待を受けると、自分に満足できなくなるであろう。虐待を受けなくとも、両親が子どもにむかって愛情表出をしない場合は、健全な自己愛は形成されにくいであろう。小学校にはいって仲間や教師からいじめられて、自分が嫌いになる例も多い。両親から暴力を受けた子どもたちも多い。暴力を受けないまでも、ことばで「だめだ、だめだ」と言われれば、自分を好きになるのはむずかしい。また大学卒業前までは一貫して学業成績優秀であることを褒められて自信満々で父母との良い関係を貴重なものとして心に秘めていた女性が、卒業と同時に突然「おまえは不器量だから早く結婚しろ」と毎週のようになじられ、人生不可解なりと苦悩する場合もある。こうした場合には一貫した自分の像を構成しにくくなる。自己意識のなかに矛盾をかかえる。こうして、自分に満足していないひとびとは、自分の自己意識を形成するときにも相手をさがすときにも困難を感じ、たとえさがすのに成功したとしても、その関係を安定的に維持するのに苦労する。自己意識の混乱があって、次の段階への成長が困難になる。心理療法を受けない自然の状態では、この困難は生涯つきまとう。安定した夫婦関係と交友関係の成立をむずかしくする。

白雪姫

誰でも知っている白雪姫の話の展開は、精神分析学派の幼児後期から青年期までの記述ときわめて近似している。7歳の女の子が継母の殺人の対象となる。美しさのために運よく難をのがれ、森をさまようなか小人の家にたどり着く。歓迎され楽しい生活が始まる。死んだと思われた白雪姫が存命であることを知った継母は偽装して小屋におもむき、毒リンゴを食べさせる。小人たちは意識を失った白雪姫をガラスのお棺にいれて見守る。ある日王子が姫をさがしにくる。王子が姫にキスをすると姫は意識をとりもどす。のちに両者の結婚が成立する。大多数のひとはディズニー映画でこのお話を知るのだが、同種の民話は何百年もの昔から世界各地にあり、グリム兄弟を通じてひとつの標準が完成する。ディズニー版はグリム版を脚色したものとされる。小人の7人を姫が殺人の対象となってから王子の出現までの年数の象徴と考えると、王子との出会いは姫14歳の時となる。

精神分析学では異性の親との競合関係の終了時から性に目覚める思春期までのあいだを潜在期としている。白雪姫の筋書きでは、小人が男であることから、白雪姫が小人たちと暮らし始めてから王子に発見されるまでの時期は、異性関係の潜在的状態を示唆している。こうして解釈すると民話の発達観と精神分析学の発達観の近似がわかる。

青年期

青年期は精神分析学派によると性器期と呼ばれ、性器の活動が性愛の対象とはじめて結びつく時期とされる。自分がなにものであるかがはっきりとすると、自分の自己意識にふさわしい相手をさがす。そのとき、相手の自己意識・自我の質が重要である。自分に似たひと、自分よりもすぐれていると思うひと、限りなく美しいひと、誰でも性愛の対象となった過去の人物を語ることができる。クラスのひとりの異性にたいして、見ていたい、一緒にいたい、話をしたい、手をつないでみたい、その異性がいないところでは想像をたくましくする。中高生時代に誰もが一度は経験する淡いロマンスである。その異性のために髪形を変えたり服装にこったりする。自分がそのひとにふさわしい人物になるための努力をする。相手のいない場合孤独感を高める。会うことができないときに感ずる孤独感があるからこそ、会うときの高揚感がある。だが相手がいても孤独感を覚えることはよくある。もともと相手がいない場合に感じる孤独感よりも、相手がいたときのほうがより孤独感が強いであろう。

自分を高めると同時に特定の異性を実際以上に高めて、あこがれの感情があらわれる。「そのひとが死んでしまったらどうしよう」と、ここではじめて、かけがえのない他者を経験する。相手の死を想像するのは、ロマンスの失敗を実際には失敗せずに想像上体験できる手段である。相思相愛の関係に発展すると、かけがえのない自分を理解する。かけがえのない自分と他者を体験してはじめて、個人の尊厳という思いがめばえる。かけがえのない自分と他者が性器の快を介して尊厳とあこがれの意識を高めていく。愛情の発達にとって重要なできごとである。小説などを読んで、代理体験をして個人の尊厳の理解を深めるのは可能ではあるが、それでは実際の関係は生じない。

理想的な相手もしくはそれに近い相手が見つかると、相互に理解を深めるべく長時間にわたっての対話、共通の活動が生じる。自分と同じような思想信条生活原理をもつことがわかると、興奮し、さらなる愛の関係が深まる。精神的融合は心的生活の世界での共感にはじまる。さらには個人史の共有ばかりでなく、精神的理想をともにもとめるという未来にむけた運動がはじまる。愛情関係をつくりあげていく過程で費やされる時間とエネルギーの膨大さが、その破たん時には愛の深さに比例した憎しみとなって爆発するというからくりがある。

古来精神的理想の追求は男同士のあいだでおこなわれ、それはプラトニックラヴと名づけられてきた。女性に教育を受ける権利を認めない社会では男性のみが精神的理想に接するので、男同士のプラトニックラヴは必然の帰結である（男装をした女性がギリシャ哲学者のもとに通ったときにはプラトニックラヴが成立したと考えられる）。女性も対等に教育を受ける社会では、男女の友愛関係のなかでプラトニックラヴが成立する。思春期のころ外見にあこがれる現象が発展拡大し、精神的理想をもとめる相手にあこがれるようになる。単なる会話ではなく、真剣な対話をとおして共にこの理想をもとめることとなる。文字通りの「相手をもとめて精神的融合にむかう運動」がある。異性の師弟関係では、もともとのプラトニックラヴが発展して性愛の成立にむかうことが多い。精神的融合を体験すると、肉体的融合をもとめることがある。

理想主義的行動があらわれるのもこのころである。単に異性を理想化しそれにあこがれるばかりでなく、著者、思想家の精神にあこがれる。思春期に読んだ本が生涯自己形成に貢献することが多い。初期体験が重要であるという仮説は、ここでも支持される。ある思想家へのあこがれは字が読めない時期には成立しない。読書の蓄積でその思想の世界へ入っていって、その思想とのかかわりを深める。その思想を理解し、それと一体化し、融合し、その思想にしたがって行動する。異性にあこがれるときの行動と似かよっている。著者や思想への同一化は、そのメカニズムにおいて、児童後期の親への同一化と同じである。

完全なる理解は存在しないので、どこかで折り合いを見つけ、選択をする。どんな愛の対象を選択するか。自分に満足をしているひとにとっては、まずは自分が最愛のひとである。自分を友だちにしたいと思うひとがどんな相手を選択するか。自分が最愛であるとすると、愛の対象は自分に似た特性をもった人物となる。ギリシャの神話を思い出すと、たしかにベターハーフの選択となる。同じ社会的地位、同じ宗教、同じ政治的志向、同じ性役割の思想、同じ興味・趣味、同じ職業をもった集団のなかから、愛の対象を選択しようとする。ただし相手も自分も権力志向が強いと関係が保たれないので、そういうところでは補いあう関係にある相手を選択することになる。通常この選択の過程で、若いふたりは膨大な時間を費やす。精神的融合を達成してから、あるいは精神的融合をもとめながら、肉体的融合がおこる。幼児期に発見した性感帯が最愛のひとを介して、さらなる快の享受へとむかう。生まれたときの乳を吸うという行為にともなう快感が、最愛のひとを介してよみがえってくる。「最初のキス」は、誰にとっても忘れられない思い出である。最愛のひととの肉体的融合は乳児期や幼年期にみられる求愛行為のよみがえりであると同時に、他者とのあいだでおこる建設的行為である。精神的融合で体験する快と肉体的融合で体験する快とが相乗効果を発して、地上の楽園にいるような体験をする。この段階の前で述べた個人の尊厳にくわえて、「幸福の追求」という考えがめばえる。文字のうえでの「幸福の追求」は中学校で憲法を読むとき学ぶにもかかわらず、そのときには実感がともなわない。かけがえのない他者との長時間におよぶさまざまな個人的経験をすると、個人の尊厳と幸福の追求の実感がわいてくる。しかし「幸福の追求」が相互に達成されたところで愛情の発達が頂点に達するのかといえば、そうではない。さらなる発達がある。個人の尊厳も幸福の追求も、生涯にわたる課題である。

性的少数派のひとびとは、ここまで成長するまでにさまざまな悩みをかかえ、違和感をもち、ときにはいじめを体験し、困難な時期を乗り越えてきたと想像できる。青年期にはそれにくわえて、愛の対象をさがす困難がある。少数派に理解があったとしても、人口のなかの5％前後（少数派10％の半数が男女それぞれの少数派となる）の集団のなかから愛の対象をさがすわけであるから、多数派のひとたちよりもはるかに厳しい経験をする。近年先進諸国では同性婚が法的に認められ、法律的には性的少数派も、多数派のひとたちと同じ権利を獲得したといっても、社会の少数派である左ききのひとびとが困難をかかえると同じように困難をかかえている。性的少数派の「幸福の追求」は、今なお将来の課題である。成年前期をこえた発達の記述はフロイトよりもエリクソンによる。フロイトの発達理論は成人の性器期で終わっているところを、その先まで発展させたのはエリクソンである。

初期成人期

精神的融合と肉体的融合を達成したあと、成人男女の性エネルギーがどこにむかうか。それは融合の結果できる子どもへの投資と、さらにはその子どもをふくむ次世代創成への投資へとむかう。この投資の核となるのは、子どもからみて望ましい性的関係を両親が実践することである。自分を育てる親というモデルなくして、次代を育てるのは至難のわざである。具体的には家庭のなかで自らが安定した愛情関係を示し、子どもの命を守り、社会で活躍できる訓練をし、子どもの性的成熟を助け、幸福を追求する社会の生産的一員となれるように万全をつくすという投資である。言いかえると、上に記述した愛の発達を可能にするような家庭環境の整備という投資である。そのためには、親自身もそれを可能にするような社会をきずく仕事に精をだす。誰もが社会科で習うように、労働者の役割は社会貢献である。それを精神分析学的な解釈でみると、次世代創成となる。今の世代の愛情関係の構築は、次世代の愛情関係の構築への準備でもあるといってよい。

次世代創成は、家庭のなかでの努力にかぎられない。保育所の整備、学校運営への協力、課外活動での協力、子どもたちの友だちの親との交流、地域社会で子どもたちの安全を守る運動など、枚挙にいとまがない。もっと一般的に農業、林業、漁業、生産業、サービス産業など、情報産業の分野も広い意味での次世代創成の活動である。それらはすべて、子ども世代を育てる活動である。社会の良き一員となった親は、子ども世代を社会の良き次世代となるように育てる努力をする。そういう親に育てられた子どもたちは、成長した暁には社会で生産的貢献をする可能性が高い。実際には子どもがいなくても、次世代創成の貢献に支障はない。社会的生産活動や教育にたずさわることで、次世代創成は十分に可能である。

他方、次世代創成にいかなる意味でも貢献していない状況は存在する。どの先進工業国でもみられる乞食や浮浪者が代表的例である。ひとの目につかないところでは、ひきこもりの例がある。薬物依存症やアルコール依存症で社会に貢献できないひとびとも多い。次世代創成になんの関心もよせず、自分の自己意識の吟味なしに相手と肉体的融合をし、多くの子どもを産み、その子どもたちの育児にかかわらない母親も存在する。生物学的再生産のみのケースである。こうした子どもたちの将来は、飢餓を経験した子どもたちの研究結果や動物実験の結果から、類推が可能である。こうした事象はエリクソンからみると、次世代創成の反対の極の非生産性の営みとなる。

老年期

ひとびとは老年期に達すると、その人生をふりかえり、自分の生まれた家族、家族にまつわる文化と歴史に考えが及ぶ。人生の回顧である、自分の人生の意味を把握する努力でもある。親も死んでしまっているわけで、その親にたいして、その親が生きているうちには到達できなかった新たな心境が老人に開けてくる。親にどんな欠点があったとしても、たった1つのかけがえのない命をさずけてくれた両親にたいして、感謝の意を新たにする。自分の両親ばかりでなく、両親をはぐくんだ文化とその長い歴史にたいして、敬意の念を新たにする。自分をはぐくんだ文化の歴史をより深く把握すると、これまで以上に自分自身を肯定的にとらえるばかりでなく、自分自身が生きた人生のできごとを、歴史と文化の背景のなかでより深く理解する。自分は人生において文化的統合をはたしたという自信を深め、人生の意味を理解する。こうして自己の文化にたいして深い自信をはぐくむことができた老人は、孫にその歴史を語るとき、孫にいっそうの文化的信頼をはぐくむことができる。こうして祖父母は文化的歴史的視点から、孫の信頼感の発達に貢献する。エリクソンのいう8段階目の老人の行動は、孫という次世代の次の1段階目の成長、つまり次次世代創成に貢献する。

この統合は常に絶望という可能性をはらんでいる。乳児期からはじまる発達のどの段階でもありうる、非適応の総決算としての絶望である。発達というのは常に経路の選択であるから、最善から最悪の経路の可能性のなかから選択をおこなう。仮に8段階の発達段階があって、そのひとつひとつの段階で二者択一の選択があるとすると、2の8乗の選択肢があることになる。実際には二者択一ではなく、無数に選択肢があるわけだから、発達には無数の選択肢があることになる。こうしてすべての岐路で最適の選択をしたとすると、エリクソンのいう老年期の統合感覚が達成され、知恵の心境に達することになる。自分の属する文化の歴史のなかで自分の人生を位置づけ、人生の意味を把握する。こうしたことが達成できると、死を恐れず、受け入れるという心境に達する。どの岐路にあっても、最悪の選択をする可能性は否定できない。あるいは過去に望ましい選択をしていたとしても、最後に絶望を経験することもある。

エリクソンは臨床家であったから、老年期に達したある夫婦の過去の記録をもっていた。この夫婦は上記の記述にピッタリとあう、幸せな老年期をむかえた。ところがこの夫婦は、何十年も前に重大な危機を解決しようと、心理療法家のエリクソンを訪れていた。エリクソンは記録にある彼らの危機について聞いたところ、この夫婦はそんなことは一度もなかったと、否定した。自分の人生がいかなるものであったかの理解は事実にもとづくものではなく、そのときそのときに構成する「私」によって決まるのである。今幸せであれば、過去を幸せなものと再構成し、今不幸であれば、過去を不幸なものと再構成する。この瞬間の記憶はなんども書き換えられたもので、客観的記憶は存在しない。エピジェネティックスのプログラムは、このように仕組まれている。記憶のプログラムもまた適応的である。ということは、過去にどんな選択をしようとも、老年期の統合感覚を達成できる可能性を示している。「終わりよければすべてよし」ということわざどおり、それまでの7段階の不信、恥、劣等感、罪悪感などを帳消しにする、最後の8段階目がありうることを示している。その反対の極、絶望もまたありうる。世界で最高の栄誉とされるノーベル賞受賞者の晩年の自殺はこの反対の極の例である。

老年期をこえる

統合感覚の達成が人生最後の作業であろうか。エリクソンは晩年、新たな段階を提案した。共同研究者に妻であるジョウン・エリクソンと若いヘレン・キヴニックがくわわって、40年にもわたってエリクソンの研究に参加した80歳代のひとびとの発言をまとめた。身体的自由が失われ、認知能力も低下し、死に向き合うとき、いったいなにがわれわれにおこるのか。一方では実際にはもろもろの不具合に悩まされていても、自分たちはすべてがうまくいっていると信じるグループがあり、他方に他人への不信がつのり、社会を非難するグループがあると報告している。この両極のあいだに、成熟した統合感覚の達成のすがたがあるという。

80代ともなると、それまでの8段階できずいた質と反対の傾向が前面にでてきて、無力に陥る。身体の障害、病気、認知能力の低下で、どんなに努力を重ねても思うようにならない。エリクソンはそのとき自分の信頼できる人物にすべてをゆだね、最後をそのひとにまかせる段階を提案した。自律、自立、独立心、積極性、自己意識などすべてをすて、信頼できる他人の言うとおりとなれとする提案である。これはありうる選択肢のひとつであって、大多数のひとは死に直面し、絶望を体験するとも言っている。絶望のまま死にむかうのか、なんとか絶望を乗り越えるのか、大いなる選択である。エリクソンの師アンナ・フロイトの父親フロイトは最期のとき、自分の医者に最後の処置は娘に聞いてくれといって、その医者による安楽死をしたと伝記作家ピーター・ゲイが記述している。これは信頼するひとにすべてを託した例である。

4　個人をこえた愛情とその破たん

心理学ではふつう、個人をこえた愛情を論じない。たまたまアインシュタインとフロイトの戦争防止にむけた書簡が最近出版された（２０１６年）ので、愛情の発達と密接に関係する集団と集団の関係維持と破たんについてふれてみる。個人の愛情の発達と破たんに似た仕組みがあり、戦争防止を考えれば考えるほど、それが自分の愛情関係にはねかえってくるという意図せぬ副産物があるからである。

部族愛・愛国心・環境保全運動

自分史と自分の先祖をはぐくんだ長い歴史に眼をむけると、家族愛が部族愛へと高められる。さらに拡大して愛国心、人類愛、環境保全愛へも高められる。日本に近代がはじまって４００年である。１世代25年として計算すると、４００年前には16世代前の祖先が生きていたことになる。16世代前の先祖の数は２の16乗である。その数が意味するところは、同じ世代の数をさかのぼるかぎり、われわれひとりひとりの祖先の数が同じであって、それが膨大な数だということである。同じ祖先から生まれたわれわれは、みな広い意味でのいとこである。４００年といわず、１５０年前の狭い意味での祖先の確定は、インターネットの発達により格段にやりやすくなった。自分の祖先がここまでわかったという情報をインターネット上に載せると、他のひとたちが自分の先祖の情報を比較することができる。家系図どうしのつながりを発見することができる。遺伝子情報ばかりでなく、先祖の出身地や先祖の名前がわかると、それらを手がかりとして、同じ出身地からでたひとびとや同じ名前のネット上の親類ができる。こうして地球上のいたるところに出身地を発見したひとびとは、抽象的な人類愛ではなく、自分と遺伝子を共有するひとびととの連帯感を形成する可能性がでてくる。愛国心とか人類愛は、こうした連帯感からさらに強化される。と同時に、他国との利害の対立がおこると、戦争の可能性もでてくる。

自分の命がほかの生物の命とつながっているという理解ができると、そういう生命体の命も尊いという理解に進み、環境保全の運動へと展開する。ただし環境保全のためには人口制限が必要であるとの理解にはなかなか到達しない。愛国心と戦争が裏腹の関係にあるように、環境保全と環境破壊は同時存在している。1個の生命体のもつ矛盾が、ほかの社会現象にもみられる。

戦争防止に愛情の心理学が貢献できるか

個人の愛情の破たんと同じように、国家間の戦争をある程度まで理解することができるだろうか。もちろん心理学主義（心理学の知識で人間の歴史を理解しようとする考え）では、戦争の全容をとらえることはできない。アインシュタインは第一次世界大戦の惨事をみて、どうしたら戦争の防止ができるだろうかと考え、その時代の最高の知恵を有すると考えたフロイトに書簡を送った。この書簡は1932年に書かれ、翌年に公開されたにもかかわらず、ヒットラーの台頭の時期にあたり、広く読まれることはなかった。アインシュタインはフロイトにたいしてこの章であつかった個人の愛情の発達理論でどれだけ戦争防止に貢献できるかと質問した。フロイトの理論をかなりよく理解したうえでの質問で、その前文には「少数の指導者が国民を動かし戦争をはじめるのだが、なぜ多くのひとがそれに手を貸すのか」「破壊の病理があるからこそ戦争という破壊に参加していく」「心の進化の過程で生まれた破壊の精神を制御できないものか」と書いてある。フロイトの答えは示唆に富み、戦争防止ばかりでなく、われわれのあいだの葛藤や争いを少なくするために有効なアイデアがあるので、本章の中心課題ではないが、最後にこの問題をあつかう。

フロイトはアインシュタインの知識に敬意を表明する。そして戦争の歴史を論ずる。21世紀からみると進化心理学のはしりである。原始の時代には、ひととひととの利害の対立は暴力で解決された。石器時代以前は有効な武器がなかったので、部族間の争いは肉体の強さで解決された。生きることは同時に殺すことを前提としている。自分の存在を脅かすものがあれば、戦わざるをえず、その結果は自分が殺されるか相手が殺されるかになる。それ以後石器の武器が開発され、戦争はより殺傷能力のある武器をつくるものが争いの勝者となった。つまり戦争は知性の争いとなった。知性のある社会では、連帯感をもった多数の人間が権力を指導者に移譲し、法律をつくり、社会を安定させようとする。歴史の変革期には指導者と一般のひとびとの利害関係が衝突し、暴力的解決にあともどりすることがある。つまり戦争を通じて、より中央集権的国家をつくり、それは権力または法で暴力を管理し、二度と戦争がおこらないようにすることは可能である。ところが事実は戦争の歴史である。中央集権的国家どうしが争うからである。法で暴力を管理し、といっても法は暴力でもある。法を維持するためには暴力が不可欠である。国家は暴力装置を内蔵している。これが歴史の教訓である。

そこで「人間はなぜいとも簡単に戦争に駆り立てられるのか?」の質問に答えましょうとフロイトははじめる。ギリシャが周辺蛮族とは知性の優位で戦争に勝利し、教育で平和をきずいた。この指摘は、原爆のアイデアが公には存在しなかった時期にすでに、次の戦争の性格を言い当てている。戦争を防止するのは非常に困難であるけれども、国家をこえた組織、国際連盟(国連の前身)のような組織に各国が権利移譲をしてさらに軍事力を付与すれば、戦争防止に役立つと提案している。そのときに重要なのは一般大衆の文化程度であり、文化水準を高めることも重要であると提案している。フロイトが1909年にアメリカのマサチューセッツ州、ウースターにあるクラーク大学でおこなった講義では、性衝動を社会的事業にむけて活用(昇華)するという提案をしているので、すでにそのとき、文化的活動の提案の芽があったともいえよう。しかし同時に、文明が発達する人間の心ばかりでなく体に変化をもたらし、少子化がはじまることに事実をもって注意をうながし、さらに武器をつくる文明の力自体が全人類を滅ぼすとも指摘している。逆に人類を滅ぼしうる武器を手に入れた人類が、教育によって大量破壊兵器を管理する可能性にも言及している。21世紀の現状をかえりみるとき、この指摘に天才のひらめきをみるひとは多いであろう。

とはいえ戦争防止の提案はどれも一時的な効用しかないと言って、戦争防止が非常に困難な理由を述べている。その理由はよく知られている。本章で議論しているように、われわれひとりひとりのなかに破壊の心があるからである。愛と愛をこわす力が同時に存在している。これを変えることができないから、戦争防止は困難であると結論している。戦争防止にいちるの望みを託した「文化水準の高揚と教育」の提案は、とりもなおさず、ほかのひとびとの生活を理解し、その内的な葛藤を理解せよという意味である。小説を読み、ひとの心の機微を理解し、精神分析学派の書物を読み、自分自身のなかにある自己破壊本能を意識にのぼらせ、それが他者の破壊にむかわないようにせよ、という意味である。これは実行しにくいにもかかわらず、当人が気がつきさえすれば今日にでも実行できるアドバイスである。ひとりひとりがその内にひそむ破壊衝動に気づくならば、権力による破壊衝動の利用を多少とも阻止することができる。少なくとも潜在的破壊衝動にまったく気づかない場合にくらべれば、権力による利用をより効果的に阻止できる。この原則は個人間の関係維持にもあてはまり、相手にたいする破壊行動が心の奥にひそむ自己破壊傾向のあらわれかどうか考える糸口をあたえる。

5　まとめ

愛情の発達は、このように受精からはじまる個人史ばかりでなく、進化の歴史をも背負っている。進化の歴史を背負っているというのは、命ある自分が限りない命の連鎖をつくることで、将来の人類の進化に貢献するということでもある。そのために自分が生殖可能な生命体となり、もうひとりの生殖可能な生命体と融合する作業に参加する。その作業は生殖可能な次世代創成につながり、世代をこえて不断に続く。有性生殖をはじめた生命体には20億年の歴史がある。そのころから生命体は異性をもとめて運動をしてきた。無性で自己増殖をするのにくらべると、有性生殖は遺伝子の組み合わせを新たにつくるため、その結果できた子孫の差異（個体差）が大きく、環境の激変のさいに生き残る可能性が大である。その意味ではひとも同じである。グローバル化でかつて経験したことのない広い範囲で愛の営みが進行している。その愛の営みは、個人の尊厳とか幸福の追求を基礎としている。精神分析学派のおかげで、個人は自己の愛情発達をもっとも深く観察する機会を得たといえる。

生命体としての「私」を歴史的に把握したうえでのフロイトとエリクソンの理論は、その提案のときから数えて100年以上になる。どの心理学の教科書にも記述されるしっかりとした仮説ではある。科学的とはいえない方法を使いながら、なぜ「しっかりとした仮説」として生き残ったのか。実証的な研究が仮説を反証できなかったという消極的理由があるだろう。また仮説を読んだ専門家や臨床家がわが身をふりかえり、自己洞察をするとき、特に愛するものを失って自己洞察をするときに、そういえばフロイトの記述に思い当たることがある、と感じる側面があるからであろう。特に教科書の著者はふつうこの分野の専門家ではないので、一般人の評価も受け入れる。バーガーのように、フロイトの理論に懐疑的であっても、自分の娘が4人とも彼の理論どおりの行動をすると、その行動を記述してしまう。またフロイトの理論に反発するひとでも、自分自身の言い間違いや夢のなかで自分の認めたくない性衝動や破壊衝動をみて、ふと苦笑することは多いはずである。

また研究者のあいだであまり議論されていないことなのだが、フロイトはダーウィンとラマルクの進化学の著作からその真髄を読み取り、ギリシャ哲学思想の進化学的解釈を進めた可能性がある。その根拠は、フロイトが「生命体は遺伝子の乗り物である」との記述をした事実である。遺伝子のおもむくところに生命体の行動がむかうという意味に解釈される。遺伝子のおもむくところとは定義上無意識の領域、動物的衝動の領域である。「利己的遺伝子」で知られているリチャード・ドーキンスのテーマの先取りである。フロイトは遺伝子に操られた人間行動を観察していたと考えられる。事実アインシュタインへの回答は、進化心理学の草分け的仮説であるとの評がある。他方エリクソンはエピジェネティックスの創始者ウォディントンを引用しているので、機械論的ではない進化学の精髄を把握していたと考えられる。

ひとことでこの章のまとめをするならば、愛情の発達とは人間が個人としてばかりでなく、種として生き残るときの対人的な最適行動の連鎖であるといえる。常に選択肢があり、非適応行動をする可能性がある。非適応の経験も適応には不可欠であって、その時々の重要な局面で適応的選択をするならば、生殖可能な次世代の創成ができる。なかでも重要となるのは「私」の自己意識の発達で、自分はなにものかについて十分な考察をして、その意識の内容を吟味し、愛情の対象である相手の「私」の自己意識との融合の作業を時間をかけておこなうことである。生涯の発達を進化学の一分野として理解する生涯発達進化学の原型がこの章で記述されたといえる。将来は21世紀の進化学の成果をとりいれて、より洗練されることを今後の課題としている。

第7章　配偶者選択と職業生活の発達学

これまであつかってきた発達学は、歴史にねざした発達学の主要な理論から構成されている。専門以外の一般のひとにもわかるように説明したつもりではあるが、それでも抽象的でピンとこないという印象があるだろう。これからの2章では、ふつうのひとが一生のうちに経験することをあつかう。誰でもひとを好きになるであろうし、仕事につくであろう。ひとを愛することと仕事をすること、この2つの経験は、「自分はなにものか、自分を他人ではなく自分たらしめているのはなにか」と問うとき前面にでてくるにもかかわらず、学術の世界でふつうにとりあげられる話題ではない。前者についていえば、愛そのものが学術の対象となるか議論される以前に、愛を個人的な経験として秘めておきたいという一般的な了解があった。「愛は不可解なり」として文学ではあつかっても、科学ではあつかうことがまれであった。たとえその項目が教科書にあったとしても、単なる抽象的記述に終わることが多かった。

しかし大きな災害がおこったあとで「心のケア」が話題となることからわかるように、子や親を失ったひとびとの悲しみの体験は社会一般の関心事である。その研究はなんの問題もなくはじめることができる。悲しみの研究をしたからといって、世間からごうごうたる非難をあびるとは考えられない。それどころか今では、ふつうのひとびとが研究者に期待する研究課題でもある。それならば、そのような悲しみの経験の前提となる愛の関係もまた、ふつうのひとびとが期待する研究課題であるはずである。ところが歴史のところでみたように、愛の関係を研究したフロイトはごうごうたる非難をあびた。あれから1世紀をへて、ようやく愛と悲嘆の関係が一般のひとたちにみえてきた。長年つちかった親しいひととの愛の関係があるからこそ、親しいひとを失ったときに悲しみと嘆きを経験する。悲嘆のもとである親しい関係の成立には、配偶者選択がある。

ほとんどすべてのひとが経験する仕事の分野では、それに興味をもつ研究者が少なかったために研究分野としては新しく、これまでは頻繁に議論された分野ではない。文学などでは社会で名を成した大物の伝記、会社の興亡をめぐる小説、金融危機のドキュメンタリー、日本経済新聞連載の「私の履歴書」など、職業生活の実態を特別な個人をめぐり知ることができる。そこから得られるのはある特殊な能力の傾向が幸運にめぐまれて、社会的貢献となるか、ひょっとしたきっかけで職業生活の頂点にあった人物が社会から転落していくか、幼少時に特殊な能力をもっているのに気づいた人物がたゆみない努力を続けるなか社会的貢献をしていくシナリオなど、さまざまである。

愛と仕事というこれら2つの人生の重要なできごとを経験しないひとでも、ふつうに長く生きれば、老いを経験する。この世に生を受けたものの圧倒的多数が老いを経験する時代となった。20世紀のはじめ、先進諸国でも平均年齢は50歳前後であった。１００年間でおよそ30年の平均寿命の延長があり、その事実が老いの研究に反映して、老いの研究が盛んになる。老いについては多くのことがわかり、自分自身の老いの対処に参考になるほどの進歩をみた。次は死である。死は１９７０年代から心理学のなかで話題としてとりあげられるようになり、21世紀に入ると、医者による安楽死がいくつかの国または州で合法化された。「死」は日常会話ではいまだにタブーではあるけれども、医療機関に行くならば、最期をどうしますかと必ず問われるほど、日常生活に食い込んできた。死に直面したときの人間行動がそうでないときとはかなり異なるので、老い一般の話題と死に直面したときの話題を分けるのがふつうである。死はそこにいたるまでの期間をいかに生きるかという意味で話題としているのであるから、老いの延長線上にある。ボーヴォワールの指摘でもある。

死そのものは、死にゆく個人の視点でいうとそこが終点であって、それ以上のものではない。しかし残されたものの視点でいうと、愛するひとの死は深刻な心理的課題をなげかける。そこには悲しみと嘆きがある。悲嘆の作業がある。この話題はさけて通ることができない。死後の世界は死者もわれわれも知るすべがない。死ぬ前に死後の自分について他人がなにを語るかを予想することはできる。しかし歴史的に重要な仕事をしたひとの多くが、自分の死の時点で、死後１００年後の評価を予想することはできない。歴史の章でみたように、歴史的偉業の評価は時代の精神を反映して常に変化する。その極端な例がメンデルで、彼の記念碑的論文の引用件数が年間ゼロという時代が30年間も続いた。所属するブルーノの修道院の仲間と家族以外に、メンデルの学術的存在を知っていたひとはきわめて少なかった。

愛と仕事のテーマをこの章で、老いと死と悲嘆の作業のテーマを次の章で論ずる。前者は主として成人期の作業で、後者は主として老年期の作業である。この章では、まずわれわれの日常生活をふりかえって好きになる過程を考える。多くのひとびとから質問紙で情報をあつめ、それを集計して得られる結果を中心に考える。好きになる過程は配偶者選択と密接に関係している。好きになることは愛の対象の選択であり、文字通り相手をもとめる運動である。好きになったからといって、そのまま相手が配偶者となるわけではないけれども、愛の対象の選択は広い意味での配偶者選択の側面である。ダーウィンの仮説でいうと、性選択となる。

1　配偶者選択

配偶者選択は、愛の研究のなかでも中心的な位置をしめる。ダーウィンの性選択仮説は19世紀後半に提案されたにもかかわらず、100年以上も無視され続けた。愛とは美しいものをもとめる運動と定義すると、その2つとも主観であるから科学的研究の対象とはならなかった。愛は測定がむずかしいことと、愛は主観的であり文学の世界、個人の世界にとどめておくべきだという暗黙の了解があった。美の判断能力が知能にふくまれると提案したのはビネーとサイモンの慧眼であったにもかかわらず、それ以上の研究はなされなかった。伝統的な学術にそった教科書では、その記述がないかまれである。21世紀には方法論上の進歩から愛と美の測定が可能になり、離婚防止という社会的要請と幸福の追求という個人的要請から、愛の研究が承認されるようになった。研究者も研究の対象として愛を選択することが可能になった。この章では、発達学に受容される範囲内での記述を試みる。

配偶者選択の古典的仮説は「愛情の発達学」の章でみたように、男子は母に似たひとを選択し、女子は父に似たひとを選択するという仮説である。子どもの声に耳をかたむけるだけで、この仮説を検証できるはずであるが、実証研究では明々白々な結果がでない。家庭で言っていいことと学校で言っていいことの区別ができていると結果がでない可能性が高い。成人になってからも相手を選択する前後には、父母の配偶者関係をそれほど意識できない可能性がある。ところが選択の時期から何十年もたって両親を失ったあとでは「そうかもしれない」と感じるひとは多い。両親の存在が自分の配偶者との関係の理解のさまたげになる可能性は否定できない。両親が存命であるかぎり、両親を性の対象としては観察できないし、それ以外の分野でも両親を客観視できないのは自然である。愛の章でみたように、学校にあがる前の子どもたちは、自分が愛する異性の親の愛と性の物語を想像たくましく創作する。それから60年70年をへて、自己洞察をする一部のひとたちはこのテーマをふたたび訪れることがある。このあたりのことを実証的に検証するのはきわめてむずかしい。文学者の検討する分野として末永く残る可能性がある。

ダーウィンの性選択仮説が真剣にとりあげられる以前には、社会心理学的な配偶者選択仮説の検証をする実証研究が優勢で、20世紀末から21世紀にかけての研究は進化学の仮説にもとづいた実証的なものが多い。まず愛の定義をして、社会心理学の実証研究の結果と進化心理学的実証研究の結果を紹介する。

愛の定義

知能や創造性の学術書の出版ですでに名声を博していたロバート・スターンバーグがそれまでの研究課題とは異なる愛の分野で理論を発表したのは、20世紀末であった。彼によると、愛には親密性と情熱と関係維持の決意の3つの構成要素がある。親密性とは互いの人となりを理解し、つながりがあるという近しい感情である。情熱とは相手の容姿やふるまいにたいする強い感情と性的に惹かれる感情である。関係維持の決意とは長期にわたって関係を維持しようとする態度である。この3つの構成要素があるかないかで、すべての愛を記述できるという。3つの構成要素があり要素の関係で愛を定義することから、「三角関係理論」と表現されている。3つの構成要素すべてがない場合は愛は成立せず、研究対象とはならない。

単なる「好き」という感情は、親密性だけを構成要素にもつ。小中学生の親友のあいだでよくみられる。この構成要素の原型といえる。酔狂の愛は情熱だけを構成要素にもつ。思春期にアイドルや異性に感じる情熱が原型といえる。形式的外面的な愛は、長期にわたる決意のみを構成要素にもつ。情熱を失った老年期の夫婦によくみられる愛の一形態である。ロマンスの愛は、親密性と情熱の2つの構成要素をもつ。そのときを生きる恋愛中のカップルのあいだの愛情が好例である。コンパニオンの愛（共同生活の愛）は、親密性と長期にわたる決意の2つの構成要素をもつ。表層的愛は、情熱と長期にわたる決意の2つの構成要素をもつ。円熟した愛は、3つの構成要素をもつ。激しい情熱は一時的には適応的であっても、長期にわたっては非適応的となる。つまり親密性と穏やかな情熱をともなって長期にわたる関係を維持しようとする決意があれば、双方が満足するといえよう。例としては、50年にわたる結婚生活で今なお会話を楽しむならば、双方満足の配偶者選択といえる。

選択の社会心理学的仮説

バーナード・マーシュタインによると、近隣の地域から相手の選択をする。その近隣から来た男女が最初に出会うとき、外的容姿と社会階層とマナーの3分野で最初の判断をする。第一印象が良い場合、次の段階で双方の興味、態度、価値観、信条体系、相手にもとめるものが一致するかどうかを判断する。これらの情報を得るには長時間の会話と共同の活動が必要である。エネルギーと時間の投資なしには、このような重要情報は得られない。こうして双方が自分のもとめるものと相手がもとめるものが一致し、さらに性役割とふたりの関係の在り方などで一致し、安心できると判断したあとに、双方がカップルとしての役割を演じてもよいと判断する段階がくる。思想信条価値観の一致とカップルとしての役割行動が同じであることが、配偶者選択の条件であるという仮説である。これは友だちの選択でもあてはまる仮説であるから、配偶者選択の仮説としてはものたりない。

ロバート・ウィンチは、深層のレベルでは相補性が重要であるという。たとえば双方とも指導権を握りたい権力欲があるとうまくいかないので、そういうところでは相補的な特性を双方がもとめるという仮説である。このほかに配偶者選択においては自分と相手の利害を計算し、損得勘定がそれほど悪くなければ選択するという仮説も論じられていた。以上はダーウィンの考えていた性選択仮説が真剣に考慮される時代以前の研究である。

進化学による配偶者選択の研究

ダーウィンの性選択仮説は『種の起源』の出版後10年あまりを経過したころ発表されたのにもかかわらず、長年無視され続けた事実には性差別という理由もある。[注]「性」を話題にしてはならないというヴィクトリア時代の一般的風潮にくわえて、ヴィクトリア時代が終わった20世紀になっても、進化学の研究者は全員男性であって、男性の立場からして、ダーウィンの言うような、女性が男性を配偶者として選択するという仮説自体、男性にたいする「侮辱」と解釈されてきた。女性が男性を評価する能力はもちえないという前提を、当時の男性研究者がもっていた。今からみるとなんの変哲もない仮説であっても、ある時代の研究者の側に偏見があれば、仮説の検証でさえもはじまらない。

この仮説は、進化の原動力としての選択に関するもので、進化に直接影響する次世代の育成を考慮した選択を意味する。人間ばかりでなく、有性生殖をする生命個体一般にあてはまる仮説である。「クジャクのオスの羽はなぜ美しいか」、それは羽を美しいと認識したであろう過去何万世代にわたるクジャクのメスの配偶者選択の結果である、というのが仮説の一例である。実際に人間の配偶者選択で女性が男性を選択するかどうかは、今なお検討されている。当然のことながら個人差がある。

20世紀の後半をはるかにすぎてから、ようやくこの性選択仮説が検討されはじめた。女性の社会的進出と進化学における女性研究者の増加により、仮説にたいする偏見がやわらいできたことと、愛と美という主観的現象が客観的方法で測定できるようになったことで仮説が検討されはじめたといわれる。性選択の研究自体が、文化的歴史的行為であることを示している。前述のプルム教授は鳥類ばかりでなく、人類でも女性の性選択仮説を支持する研究結果を紹介している。

相手を選ぶときにどんな基準を使うのか。どんな生命個体にとっても、自分の遺伝子を次代につなげること、なるべく多く自分のコピーをつくることは重大な関心事である。子どもの養育が必要な種では、相手がそのために長期にわたって関与するかは重大な関心事である。また自分と子どもが危機に瀕したときに、相手が守ってくれるかどうかも重大な関心事である。特に子孫の数を考えると、男女の選択に大きな差がでてくる。男子が多くの子孫を残そうとすれば、多数の女子を短期的に選択して目的を達成することができる。５００人をこえる歴史的な記録をジンギスカンが打ち立てたという説がある。女子が多くの健康な子孫を残そうとしても、最大で2年間にひとりで、生涯で10人程度が限度である。授乳をはじめ、子どもが自立できるまでのさまざまな養育の課題をこなすことになる。女子にとっては自分の命の危険をおかしてまで敵と戦うのは、子どもの養育を考えるとなかなかとれる戦略ではない。今でも発展途上国に残る「男は仕事、女は家庭」という性分業は、このようにして成立したという仮説があ

注　イェール大学の鳥類学者リチャード・プルムは、２０１７年に出版された『美の進化』という著書で、今もなお性選択の概念を同僚にしゃべると軽蔑されると書いている。

る。

このことから、性選択における男子の短期戦略と女子の長期戦略の仮説がみちびかれる。男子からみると、若い女子の子を産む能力は貴重である。若さと健康が配偶者選択の重大な基準となるのは自明である。男子は健康で若い女子を選択の対象とする。女子のほうからみると、相手が長期にわたって子どもと家族の世話をする資質を重要な基準とする。敵から命を守る能力も重要な基準となる。女子は社会的地位の高く、肉体的強靭性のある男子を選択する。

このように性選択は文字通り戦略であるから、相手の戦略によって、自分の戦略も変化する。女子の長期戦略にマッチするのが男子からみても得策であるならば、男子の長期戦略も当然自然の戦略となる。男子にとっては長期戦略をとる利益は大きい。自分の子どもが本当に自分の子どもであると確信できるためには、子どもの生まれる前に配偶者と長期間生活を共にすればよい。その結果嫉妬に悩まされず、心理的安定を得ることができる。生まれた子どもを自分の後継者として育てるためには、生まれたあと性成熟にいたるまで、近くにいたほうがいい。長期にわたる養育で忠誠心を育て、自分のつちかった知識や技能をさずけることができる。自分の属する集団の政治的権力を強固にするためには、多くの子どもを同志として養育して、互いに協力のできる集団をつくればよい。

この仮説は、性選択のありようが現在でも1万年前でも変わらないとする前提からみちびかれている。われわれをとりまく環境が激変した現在でも、仮説が妙に支持されている。相手の収入がいくらだったら選択の対象となりますかと質問すると、女子のほうが男子よりも相手にはるかに高い収入を条件とする。各国で同じ質問をしても、同じ結果がでる。女子が選択の相手に低い収入を期待する社会は今のところない。男子の社会的地位が高いほど、肉体的強靭性が強いほど、女子が相手を選択する頻度が高まる。将来女子の平均収入が男子の2倍くらいになって社会的地位が男子よりも高くなった状況では、違う結果がでてくるであろう。

男子に相手の望ましい年齢はいくつかと質問すると、20代では4歳ほど若い相手を、50代では15歳ほど若い相手と答える。肉体的魅力はどのくらい相手の選択に重要ですかと質問すると、男子のほうが女子よりも相手の肉体的魅力が重要であると答える。男子の選択基準で、研究をする必要がないほど自明なのは美である。美を研究することは可能か。ある文化の女性または男性の写真を1000枚とって、その重ね焼きをすればその文化のもっとも美しい姿をつくることができる。テキサス大学のジュディス・ラングロアスの提案である。ギリシャの彫刻家やルネッサンスの画家たちは、この方法をとらずに直感で美を把握したといえる。美は健康と深い関係がある。どんなひとが美しいかというと、ひとつには均整のとれた形であり、それはおとなになるまでの、めぐまれた環境の結果でもある。健康なひとのほうが不健康なひとよりも子どもを多く産めるというのは自明である。また同じく、健康と関係のあるウエストとヒップの比が、0・7と0・9の女子の形を見せると、男子は前者のほう、つまり腰のくびれたほうを後者よりも魅力的であると判断する。

以上の研究は多数のひとの調査にもとづいている。たしかにどんなひとを相手として選択しますかと聞かれれば、自分もそう答えるであろうという研究結果である。相手には富、地位、肉体的強靭さ、健康、美、若さをもとめることがわかった。ところがこうした研究結果からはなれて、個人の具体的な選択結果について聞いてみると、あいまいな答えしか得られない。同じような社会的地位、信条、生活原理を共有する相手のなかから配偶者を選ぶとしても、その相手の数は多数であって、そのなかのひとりをどうやって選ぶか、選択時には気がつかない無意識の要素がある。たとえば体臭などは、今まで考慮されたことがなかった。体臭は健康度と相関することから、配偶者選択のひとつの条件になる。健康な相手の選択は当然適応的である。実験に使われるマウスが男性実験者のときにだけ恐怖反応を示す科学的事実は、マウスが男の汗の臭いに敏感であるためであると説明できている。

科学的にはまだ明らかにされていない条件は多々あると推察できる。瞳孔の大きさだけが異なる同じ女性の写真を見せて、男子大学生にどれだけその写真の女性を好きかと聞くと、瞳孔の大きいほうの写真に好意を感ずる。しかし大学生は、それがなぜか報告することができない。瞳孔の大きさが違うのだと言われても、それには気がつかなかったという。科学的に明らかにされた無意識の過程である。

配偶者を選ぶ時点では無意識であったものが、半世紀たつと「そういえばそうだったんだ」という感じで意識的になるものに、父母の影がある。自分を愛した異性の親に似た配偶者の選択は、日常会話や伝記では頻繁にでてくる。配偶者選択ではなく50年間つきあった異性の友だちをみると、そうした異性の友だちと自分の配偶者との類似性を発見することがある。友人選択でも、その過程は性愛の側面を除くと配偶者選択と類似しているからであろう。性的に惹かれるということと異性の友人の人柄に惹かれるということとは、紙一重の差である。

親が頻繁にひどい喧嘩をしたり離婚をしたりしたときに、感受性の高い子どもは悩み、自分が悪いのではないかと想像する。自責の念が昂じると、それは心の傷となり、生涯子どもの生活に影響をあたえる。ある5歳の子どもは離婚途上にある家庭の状況を、天井が裂けて壁にひびの入った家を自分が必死に支えている絵にかいた。おとなが想像するよりも、子どもの心の負担ははるかに深刻である。特に配偶者選択に影響する。思春期になって異性の友だちとの関係をきずけない子どもたちが多い。この種の報告をしたのは、親の離婚を経験した子どもたちを長年にわたって追跡研究したジュディス・ワラシュタインである。彼女の本の出版を機に、結婚カウンセラーたちが、カップルの離婚を勧める立場から結婚をたてなおす立場へと変化したと報道された。それ以前はメイヴィス・ヘザリントンの研究で示されたように、離婚の影響は一時的なものにとどまるとされていた。

受精卵のところでみたように、飢餓というストレスを母親が受けると、子どもは胎児プログラミングのために自己の発達を調整する。その調整とは性成熟を早め、配偶者選択で短期戦略をとることである。これと同じ原理で、幼児期の子どもたちが親の不和を観察するとそれがストレスとなり、性成熟を早め、危険な性行動にはしるという研究もある。幼児期にきょうだいが多くいて親から遺棄されたような状態で育った場合にも、同じような不適応がおこると想像できる。遺伝子を速やかに次代に残すのが適応であると考えると、困難な環境を予期して性行動にはしるのは適応的である。こうした環境の下で育った子どもたちの配偶者選択の研究ははじまったばかりである。ジェイ・ベルスキーがこの分野の代表的研究者である。

2　職業生活の発達学

職業生活はふつう高校か大学を卒業してからはじまり、65歳ころの定年退職まで続く。であるから生涯発達の大半をしめる、長期間続く経験である。職業生活は親からの経済的独立の達成ばかりでなく、それを通じて幸福の追求、自己実現、家族の扶養、社会貢献をする点で重要な期間である。職業生活の心理学は伝統的にあつかわれなかっただけで、このテーマを学術の伝統を重んじる研究者が排除しなければならない理由はない。タブーであった性と愛の研究とは違い、職業生活における発達を研究するひとたちが少なかっただけである。

職業生活とはなにか。定義を必要としないともいえる。日本語ではたらくというのは「はたを楽にする」とされている。現代アメリカの職業心理学の定義も同じで、「ほかのひとびとにとってなにか価値のあるものを生産すること」とされている。誰もが仕事をして、その報酬をもらったときの喜びを思い出すことができる。たとえアルバイトであっても、それは自分の能力や特性を確認する機会である。今まで自分では気がつかなかった「私」を経験する。収入は少なくても、自分の趣味のための資金は自分でまかなうという自己充足の体験をする。アルバイトではなく、経済的独立を可能にする職業につくときには、それ以上に、自己意識にさらなる変化をあたえる。人生の意味を考えるときには、職業はひとの一生で中心的とさえいえる。その重要性のために、職業につけないひとびとの体験は危機的である。職業についていたとしても、その仕事がくりかえしの毎日であったり、自分が役に立っているという実感をえられないことがある。エリクソンが愛情の発達を論じたときにふれた自我アイデンティティの確立と危機というのが、職業生活の記述でもくりかえされる。

職業の種類はなにか。昔からあるのは農林水産業（農夫、木こり、漁師）、商工業（手工業）、サービス業（宿泊、娯楽、飲食業など）、建設業、芸術（音楽家、建築家、画家、彫刻家など）である。21世紀の代表的な研究では、心理学的な興味や能力との関係で職業を分類する試みがある。ひとに興味があるか物に興味があるか、抽象的なことを好むか具体的実際的なことを好むか、個人的成長をめざすか社会的貢献をめざすかの視点から分類する試みである。ジョン・ホランドによると、実際的職業（料理人、歯科技師、トラック運転手、電気工事人、装飾品製作者など）、研究調査の職業（生物学者、医者、経済アナリスト、保険査定者など）、芸術的職業（役者、デザイナー、旅行添乗員、画家、編集者など）、社会的職業（給仕、保育者、小学校教師、看護師、臨床心理士、リクルート関係者、案内係等）、起業家的職業（新規事業のデザイナー、対外渉外者、エコノミスト、弁護士など）、マニュアル実践の職業（薬剤師、会計士、事務員、コンピューター技師、など）の6種類があり、後述する職業適性テストとの対応があるという。

職業生活は、表面的には高校または大学、または大学院を卒業してからはじまると、一般に考えられている。しかし、職業生活の準備期を考慮する必要がある。愛情の発達でみたように、準備期が重要である。ドナルド・スーパーは生涯発達心理学の立場から実証的に職業心理学を提唱した学者である。彼によると、準備期、探索の時期、習熟の時期、持続の時期、減退の時期がある。生涯発達心理学のあつかうテーマに平行するかたちで、職業生活をすることによる発達を記述することにする。第2章でとりあげたバルテスの生涯発達心理学にそって記述する。

職業選択の準備期

これは子どもの時期からはじまる。子どもが親から将来の職業人となるための重要な経験を学ぶことは多い。料理人の職業につくひとびとは、その準備期が子どもの時期にあったと報告するであろう。陶芸家・画家・音楽家などは、特に技能の習得がかなり早いうちにはじまる。大多数の音楽家に必要な絶対音感は就学前に習得される。就学前に音楽に接することなく偉大な音楽家になるのは不可能である。バッハの伝記を読むと、音楽環境の重要性がよくわかる。体操やアイススケートやゴルフの選手たちも同様で、幼いときの環境の重要性がある。数学や読書の能力も、幼いときの環境しだいで幼児期に顕在化することがある。幼児期にあらわれた特殊才能に親が気づき、それに対応して才能がひらけた例は多い。モーツアルト、ベートーベン、メンデルスゾーン、メンデレエフ、キューリー、フロイト、アインシュタインと、伝記に親しむ読者はさらに多くの例をあげることができよう。

幼児期の経験と将来の職業生活が音楽家やダンサーのように直接的でない場合も、家庭・学校・近隣の環境は、ある種の能力を育て、ほかの種類の能力をおさえる。男女の子どもにメディアの世界は異なった期待をよせる。ふりかえってみるならば、おそらく大多数の読者は、「男の子は積極的活動的、女の子は受け身で優しいこと」を期待し、期待された経験があるだろう。期待が意識的でなく、自然に父親母親のふるまいを真似たりしても、同じ結果となる。よく知られているように、男児は動くおもちゃに強い関心を示し、機械操作能力を身につけ、のちのちに物をあつかう職業につく傾向がある。女児はひととひとの関係に強い関心を示し、共感を身につけ、ひととかかわる職業につく傾向がある。しかしこれは危険でもある。性器の形状で職業志向が決まるわけではないので、性役割の固定概念にこだわらず、まわりのひとびとが子どもの潜在的興味や特性を発見するようにすべきであろう。

想像力、描画能力、言語コミュニケーション能力、道具やおもちゃを分解・操作する能力、推論能力、言語化の能力、数の能力、空間能力、反応速度、記憶、手の器用さ、目測の能力などの分野で、就学前でも子どもをよく観察すれば、どの能力に長けているかわかることが多い。親のほうも、子どもの能力を伸ばすように環境を整えていく。子どものほうからみると、準備期の職業上の志向は、自分の能力をよく分析してからの選択ではなく、好きか嫌いかという気持ちのうえでの選択となり、特別の能力をそなえた子どもは積極的にその能力を伸ばすようにまわりの環境を創造していく。子どもの時代の職業の希望はよく変わる場合もあるし、2歳ころの志向が生涯続くこともある。音楽家の伝記を読むと後者の例が多い。

模索期

意識的な探索期は、思春期にはじまる。愛情の発達のところでみたように、自分はなにものかを模索する時期で、職業の選択もそのひとつの重要な側面であることをみた。どの職業が自分の興味と能力にマッチするかを模索する。学校での授業科目の選択というかたちで模索をする場合もあるし、現場に行って直接経験をする場合もある。こうした経験を通じて、自分のもつ興味と能力と技能の吟味をする。ドナルド・スーパー作成の職業適性テストというのがあり、それはそれぞれの職業で成功したひとたちの興味・能力・技能とテストを受けるひとたちのそれが一致するかどうかを判定する。模索期に学校所属の職業カウンセラーのところに行くと適性テストが用意してあって、選択の資料を提供する。

スーパーの枠組みをはなれて、発達学の分野で業績を残した多くのひとびとの経歴をみてみると、職業適性テストなど存在しない時代に偶然がきっかけで職業選択をした様子が浮かび上がってくる。発達心理学に大きな影響を残した3人の天才、パブロフは神学者をめざしていたときに、ダーウィンの『種の起源』を読んで、生理学の分野に進路を変え、フロイトは人種差別にあって大学教授の道を断たれ、やむをえず臨床の道に進んだし、ピアジェは生物学の研究のあと将来を見通せないなか、哲学を学び、発生認識論という新しい分野を開拓した。ダーウィンはたまたまビーグル号に乗船し、自然の観察の機会を得た。ふつうのひとびとも、おそらく偶然の出会いがきっかけで職業選択をする例が多いであろう。

職業人となる時期

20代なかばあたりで、多くのひとびとは安定した職業生活にはいる。自分の適性にあった職業を見つけたという実感をもつ。会社・官庁・大学・工房のなかで、経験をつみ、仕事の内容を覚え、自分が職業人として役に立とうとする決意をする。仕事の効率を高め、組織に貢献しようとする。エリクソンの理論でいえば、次代創成の活動のはじまりである。この時期と次の持続期の記述はエリクソンの7段階目の記述と重複しているので、愛情の章を参照されたい。

職業人となって数年してから、選択した職業が自分にむいていないと感じはじめるひとは多い。そこで新しい職業を見つけ選択することができれば、問題は生じない。ところが職場でいじめにあったり嫌がらせにあって、挫折する場合もある。職場は競争の場でもあるので、こうした不幸なできごとはよくおこる。転職をして新しい境地を切り開くことのできるひとは幸せである。挫折がその後長期間にわたって続くこともある。こうしたケースについてはなかなか研究が及ばないので、隠れた社会問題としてあつかわれる。

持続期

大多数の職業人では、持続期は中年期にあたる。自分の適性にあった職業のなかで自分を磨く時期である。会社に貢献できる技術の開発、新しい企画を提案し、組織の生産性と高めようとする。同時に部下や上司との人間関係がとどこおりなく運営されるように、気を配る。学校の教師の場合には、教科の内容の検討と教授法の刷新が関心の的であろう。先述したピアジェの仕事をひとことで要約した波多野完治のことばは、教師の仕事を言い当てている。「同じ教材を20年間教えて、毎回生徒に感動をあたえるには教師自身が成長することだ」。同じことのくりかえしでも自分が成長すると、新たな感動を呼びおこす。組織に属さない陶芸家や画家や音楽家は、試行錯誤をくりかえしながら、自分の作品を個性の発現の材料とし、固有の作風をつくっていく。自己の成長と自己実現が自由にできるかは、どのような職場に身を置くかにもよるだろう。

減退期

しいて年齢をいうならば、減退期は退職年齢の前の、50歳代後半から60歳代はじめにあたる。ひとによって、分野によって、減退を感じる年齢は異なるであろう。自分自身が独自に切り開いた技能がある場合には、それ自体の減退はあまり見られない。90歳まで絵筆を握る画匠などはその例であろう。１００歳をこえても現役の医者である例もある。しかし大多数のひとでは、減退期は今までどおりには仕事をしていないという実感からはじまる。元気いっぱいで出勤した若かりし日を感慨をもって思いおこすこともあろう。若いひとたちの仕事ぶりをみて、これでいいのだろうかと自問自答することもあろう。

ボーヴォワールが老いについて語った著作では、個性の表現が主である職業と日進月歩の科学分野の職業を比較し、芸術家や哲学者は前者の例、物理学者など科学者を後者の例としてあげている。物理学史上最高の天才が同僚を自殺で失ったときの、「気持ちがよくわかる」としたアインシュタインの告白を引用している。

職業生活のパターン

すべてのひとが同じ職に一生とどまるわけではない。産業構造の変化とか家庭の事情、または偶然の出会いで、ひとは職業をかえることがある。よくみられるパターンは安定継続のパターン、同じ職種のなかでの移動パターン、中断パターン（子どもの養育期間に一時中断するという女性の職業生活で、より頻繁にみられる）、二重職業パターン（2つの仕事を同時にこなす）などがある。これらのパターンは社会経済的な地位と密接に結びついている。安定継続パターンは特殊技能者、事務職、管理職、専門職に多くみられる。それ以外のパターンは、特殊技能をもたない職業やセールスマンにみられる。

生産性のパターン

職業生活のなかでどの年齢で生産性が頂点に達するかは、一般のひとの興味をそそるところである。オリンピックの選手ほかプロ野球・サッカー・フットボール・バスケットボールなどの選手をみると、彼らの年齢は明らかに10代後半から30代前半であることがわかる。だがすべての職業で同じパターンがみられるわけではない。絵画・彫刻・作曲などの芸術の分野では、スポーツ選手と同じような10代からの活躍がみられる。化学・物理学・数学・実用的発明発見、チェスのチャンピオン、映画俳優などの分野をみると、同じ年齢帯かやや遅れて頂点に達することがわかる。これにたいして、歴史家・哲学者・

小説家・政治家・最高裁判事・大使・国会などの議長・大会社の社長・大学の学長などの分野をみると、30代後半から高齢期までと活躍の期間が長くなる。ローマ法王の平均年齢が80代で、これ以上高齢のひとが頂点で活動する分野はほかにない。個人をとると、彫刻家のベルニーニ、彫刻と絵画のミケランジェロ、文学のゲーテ、心理学者のヴントなどが80歳をこえて、歴史に残る仕事をした。これを事実として結論できることは、高いエネルギーと敏捷性とひらめきによる法則の発見などが若いときの仕事を特徴づけ、過去の経験の組織化が高齢期の仕事を特徴づけるといえる。

職業の種類によって、キャリアが早くはじまるひとと遅くはじまるひとがいる。年齢ではなくキャリアのはじまったときから生産性のパターンをみると、年齢でパターンをみるよりもすっきりとしたかたちでいつ仕事が頂点に達するかをみることができる。誰でも知っているように、早熟なひともいれば、晩熟のひともいる。生涯多くの仕事をするひともいれば、少ない仕事をするひともいる。過去の有名な人物で創造的な仕事の記録のあるケースを多数あつめて、この2つの基準の組み合わせで、4つのパターンをさがすことができる。

ディーン・サイモントンはその結果、まず生産性の高いグループをみて、早熟と晩熟の比較をした。どの場合でも最初の仕事と最後の仕事のあいだのキャリア年数は約30年で変わりがなく、晩熟の場合のほうが仕事の頂点が10年遅く来るけれども、その水準が後年まで保たれるという。生産性の低いほうのグループでは、最初の仕事と最後の仕事のあいだのキャリア年は約20年で、晩熟のほうがわずかに短く、ピークが10年遅くくるほかは、早熟のグループと晩熟のグループの生産性の差はなかった。

歴史の章でみた研究者の生産性のパターンをみると、早熟で生産性の高いひとびとが圧倒的に多い。

コメニウス、ルソー、ダーウィン、ヴント、ピアジェ、フロイト、パブロフ、スキナー、ウィルソン、ウォディントンなどである。晩熟で生産性の低いのはメンデルである。たった1つの実験報告で、21世紀までその影響の続く革命的発見をした。歴史の章とは別に中学高校の教科書にでてくる偉人でも、早熟で生産性の高いひとびとが多い。ガリレオ、ゲーテ、エジソン、アインシュタインなど晩年まで生産的であった。ミケランジェロ、レンブラント、ルーベンス、ルノアール、モネ、ピカソなどの画家も早熟で、生産性が高かった。フェルメールは早熟ながら生産性が低く例外となる。早熟で生産性が低い科学者はメンデレエフである。周期律表の作成という革命的発見をしたにもかかわらず、それだけが偉業とされている。

労働の疎外

労働の疎外とは、働いていて自分の役割も労働の意味もみいだせないときにおこる無力感と、ほかの労働者からの協力が得られないときにおこる孤独感である。どこの職場にもある問題である。ドナルド・スーパーは大量生産をする会社のベルトコンベアーで仕事をするブルーカラー労働者に、もし人生のやり直しができるならばどの職業を選択しますかと聞いた。ブルーカラー労働者の24％しか、同種の職業を選ばないと報告している。彼らは会社に貢献したいという意欲はあるものの、ほかのひとに管理されている自分に不満で、同じ単純労働の先にあるものが見えない不安があるという。ホワイトカラーであっても、43％しか同種の職業を選ばないと報告している。事務職員は紙の文書のベルトコンベヤーで働いているという表現を使い、会社全体のなかでの自分の位置を見失いがちで、職種と組織からの疎外感があるという。それにくらべて管理職にある労働者は、疎外感がいくらか緩和される。それでも、組織全体の意思決定に貢献していないという疎外感がある。スーパーの記述は彼の存命中のものであるけれど、今の社会の労働環境の現状にもあてはまる。

労働の疎外ではなく、労働に参加しないかできないひとびとは多数存在する。労働に参加したものの職場でいじめにあって、ひきこもりになるケースは新聞でよく報道されている。交通事故にあって一時的に労働ができなくなったひとが元気になっても労働に復帰しないケースも多数ある。ホームレスのひとびとは、多くの場合は精神疾患があるといわれている。世の中の仕組みからはずれることに安住の地をみいだす場合もある。北欧などの福祉国家で収入の半分以上を税金にとられるのは、労働に参加しようとしない多数を支えているからだといわれる。

これらの問題を解決するためには職業ガイダンス、職業はなにかを教える教育の必要性をスーパーは説く。まず生涯発達心理学を理解させ、職業の種類を示し、それぞれの職業を選んだときにどんな段階があるか、どんな課題にとりくまなければならないか、を教える。自分を理解すること、自己概念をしっかり身につけることが、適切な職業選択に必要である。学生が仕事の世界の知識を具体的に得るためには、個々人の能力、技能、特性がどんなかたちで将来の職業生活にかかわってくるかを示すことが必要である。仕事の内容が時代とともに変化するので、高校大学ばかりでなく、組織のなかでも生涯学習センターのようなところでも、生涯職業ガイダンスを提供すべきであると結んでいる。それは最終的に、労働生産性、さらには経済の発展につながるという。

職業選択における性差

職業選択における性差は研究をしても明らかになるし、研究をしなくとも直感的に誰もが指摘できる。男性の多い職業は農林水産業、土木業、建築業、運送業、政治家、裁判官、弁護士、軍人、警察官、官庁の管理職、大会社の社長または管理職、電気技師、水道管工事などである。女性の多い職業は、宿泊飲食などのサービス業、看護師、幼稚園・保育所・小中高等学校の教師、銀行の窓口職員、デパートのセールス、スーパーのレジ、会社官庁の秘書、美容師などである。この事実から直感的な理解をしようとすると、男性は物と組織をあつかう分野で、女性は広い意味での養育の分野で活躍しているといえる。

実証的研究では、ジャクリーン・エクルスがミシガン大学時代におこなった大規模な研究で、男子女子学生の能力と職業志向を調べ、能力の性差がまったくないにもかかわらず、職業志向で性差があることを明らかにした。その性差の核心は「ひとのためになりたい」であった。ではその特性はどこからくるのか。エクルスはそれに答えていない。本書の進化学的分析によれば、進化の歴史にその源泉がある。性分業の「子どもの養育」とは、単に子どもの命を守りはぐくむだけではなく、そのための資源の確保や同僚の協力などが核となる。そうした進化の歴史を考慮せずには、21世紀の職業選択での性差は理解できない。

3　まとめ

日常生活で頻繁におこる配偶者選択にしても職業選択にしても、その過程はすべてひとりひとりの作業である。すべての作業は個人の発達にとって重要な経験である。その経験のなかで、自分にとって最適な選択をする。それは青年期の自己意識の中心的体験であり、同時に老年期になって人生をふりかえるとき、前面にあらわれる重要な経験となる。若いときには自分の配偶者としての潜在性や職業的潜在性を自覚できない場合が多いので、自分にとって最初の最適な選択はその選択の時点で自分が最適と思う選択である。すべてのひとがその選択で正しい選択をするという意味ではない。ある時期にそのひとにとって最適な選択をするということで、はたから見てそれが最適であるわけではない。長期間にわたって数限りない選択をしていく。自分で過去の選択が誤っていたと感じるときには、方向転換をするであろう。その方向転換がはたから見て最適である保証はない。試行錯誤の選択がふつうである。どんなに試行錯誤をしても、人生の終わりに人生をふりかえるとき、そのそれぞれがそれなりの意味をおびてくる。

どうしたら試行錯誤を少なくできるか、これは難問である。ヘルマン・ロールシャッハは、進路に迷ったときにヘッケルに手紙を書いて助言をもとめた。医学部へ行きなさいといわれ、のちのロールシャッハテストの考案につながった。福井謙一という量子力学の原理を化学反応に適用したことでノーベル賞をとった京都大学の教授は、進路に迷ったとき、自分ではなく父親が著名な化学者と話をして、その助言を伝え聞いて、会って話をしたわけでもないのに、進路選択をしたという（古川安『化学者たちの京都学派』）。まわりに自分の望む職業で成功しているひとがいれば、助言をもとめるのは合理的である。小さな子どもが特殊な才能を示すことがある。その活動を支援するのは、親をはじめとするまわりのひとびとの望ましい行為である。シベリアにいたドミトリ・メンデレエフの母親は子の才能を発見し、サンクトペテルブルグへ転居し、その後まもなく死亡した。母親の選択は、化学元素の理解を飛躍的に高めたその子どもの仕事、化学元素の周期律表の完成へとつらなっている。

試行錯誤を重ねて、失敗に失敗を重ねても、そのことが後の経路選択に良い効果をあたえるとすれば、試行錯誤を少なくするのではなく、そこから学ぶことに主眼をおいたほうがいいかもしれない。十分な教育が受けられず、愛する対象を失った場合でも、そういった事態にもかかわらず自分の人生を切り開いていったケースは多い。親にすてられ子をすてたジャン＝ジャック・ルソーは、その反省から子どもの教育に多大の影響をあたえた名著を著した。

子どもが生を受けたあと、発達の初期に有害物質を体にいれないこと、栄養状態を適切にすること、十分な刺激・教育をあたえること、子どもの特殊な才能の発見に努力すること、子どもの要求に敏感になり、対話を大切にすること、親から愛されているという信念をうえつけることなど、ふつうの常識で発達をうながすとされることを最初の10年間あまり実践するならば、大半の子どもは死ぬまで適応的行動をすると期待できる。自分の能力にたいする信頼がしっかりと確立できていると、配偶者選択や職業選択をするとき、そのひとにふさわしい人生の経路が期待できる。

第8章　老化と死の発達学

職業生活の研究では実証的にならざるをえず、哲学的考察というのは少ない。これにたいして、老化の分野ではキケローの時代から哲学的考察があった。ローマ帝国の政治家、哲学者キケローは、いくら高齢になっても若者よりも重要な仕事をこなしていくひとの多くの例をあげて、生涯現役仮説を提出している。17世紀なかごろに画期的な教授学を提案したコメニウスも老年について語り、この仮説を支持している。コメニウスは、21世紀の最新の知見である最大寿命120歳仮説を300年以上も前に提案した学者であると歴史のところでふれた。この流れは、老年学の分野でもっとも広く読まれた20世紀後半のボーヴォワールの『老い』へも受け継がれている。彼女は周知のように、精神分析学に影響を受けた実存主義の哲学者である。実存主義の哲学によると、常にプロジェクトをつくって、自己実現をするのが人間にあたえられた特権である。自分の仕事が他と比較しえない自分だけができる仕事であれば、老年を充実して過ごすことができる、しかしその仕事は、限られた特権階級だけが享受できるものである。そのひとでなければできない哲学の仕事などはそのひとつであって、自然科学者のように日進月歩の仕事の分野では時代遅れになるのが必然で、老年期が充実するわけではないという。彼女の生活した時代のフランスでは、数学者で政治家であったアンリ・ポアンカレ（１８５４－１９１２）と文学者のヴィクトル・ユーゴー（１８０２－１８８５）をもっとも充実した老年期を享受した人物としてあげている。裏返すと、充実した老いは不可能に近いという。どんなに高齢になっても自分の構成、自己実現、新たな自我の形成が可能という考え方は、愛情の発達の章でみたように、エリクソンにも共有されている。また『年齢の嘘』という著をあらわしたミシガン大学のジョン・ロウとロバート・カーンという研究者にも受け継がれている。つまり２０００年間一貫して存在する老化学の潮流である。

エリクソンは最後の著作で、死ぬ前には全面的依存が適応的になりうるという仮説を提出した。実存主義の立場からはありえない仮説である。実存主義の立場では、全面的依存は死と同じである。ところが実際の社会をみてみると、高齢者で死ぬ何年も前から全面的依存をしているひとは数限りなく存在する。病院でも本人は医者の質問に答える気もなく、付き添いの家族と思われるひとが代わりに答えている。政府の社会福祉政策を逆手にとって、実際には健常者であるにもかかわらず、障害者をなのり、経済的な依存をするひとたちは多数いる。皮肉なことに、エリクソンの最後の仮説は人間の死ぬ数ヶ月前の状態の理解に有効であるばかりでなく、人間のもっとも醜悪な欲望の理解にも有効である。

1 老化の実証的研究

哲学的考察をはなれて、実証主義的研究の分野でもっとも著名な研究者は、歴史の第2章でみたように、バルテスである。1984年に出版された論文で、老化の発達学で引用数が突出している仮説を提出している。その仮説はピアニストのアルトゥール・ルビンシュテイン（1887－1982）が60歳をこえたころ、その年になってまでなぜ良質の演奏ができるかを聞かれたときの答えがヒントになっているという。まず第一に、曲目の数を制限している。第二に、制限された少ない曲目をより多く練習する。第三に、今までのように早く弾けない部分では、早く弾かなくていいところを少し遅く弾いて全体としてのコントラストを維持し、早く弾いた印象をあたえるようにしている、と答えたという。バルテスによると、第一は選択で、第二は最適化、第三が補償である。この3つの概念を「補償をともなった選択的最適化」仮説として提案した。それでは選択とはなにか。バルテスは「どんな発達の過程も適応行動能力の選択をふくむ」と言っているから、自然選択による進化と選択による発達が同じようにあつかわれる。選択のために良い結果が得られるには、最適化と補償がともにはたらかねばならないと、仮定している。選択とは目的の選択であり、最適化とは目的達成のための手段の調整であり、補償とは手段にかげりがさしたときの積極的反応であると定義している。

この仮説は頻繁に引用されるにもかかわらず、３つの概念は重複していると批判されている。特に補償と最適化には重複があり、両者を区別するのは困難である。目標を下げ手段の調整をしたのがルビンシュテインの老年における技法だとすると、多数の概念を使って、おおげさな理論化をする必要はないともいえる。最適化とは目標行動を達成するために手段の選択をすることであると理論化するならば、補償という概念が必要なくなる。補償は最適化と同義である。さらに適応的選択という概念ですべてを説明できる可能性もある。進化学では最適化も補償も適応的選択の例にすぎない。ルビンシュテインの例にもどって、目標と手段の適応的選択で十分に説明できる。速く弾けなくなったので目標を下げて、ある手段を強化したのは適応的選択であると。

体の機能が衰えたときに、この適応的選択の仮説を知ることで、生活を順調に進めることができる。たとえば着替えが今までのようにできなくなったとき、自分でするかヘルパーに頼むか、これは手段の選択である。着替えの目標は変わらない。自分ですれば時間がかかるけれども個人の尊厳が維持できる。ヘルパーに頼めば早くできるけれども、無力を嘆く。ある時点でこの選択が課題となる。ある時点を境に、同じ手段が適応的にも非適応的にもなる。老年期になってから自分の人生の目標のなにを変える必要があるか、目標を達するために、どんな手段を使うべきか、今までどおりの手段がもはや使えなくなったとき、代替手段の用意があるかを考え、かつ自分の尊厳を守り、まわりのひとへの配慮をするのは可能かなど、課題は山積する。

知能の発達

知能とはなにか。知能テストで測られる特性とここでは決めておく。それには言語能力、数能力、言語的記憶、推論能力、空間位置関係、反応速度がある。知能と学校の成績は相関関係がある。語彙、読解力、計算能力などを思い出すだけで納得ができよう。知能テストを使い、今の時点で年齢の異なるひとびとのテストの点数を集計すると、若いひとの成績が高く、老人の成績が低い結果が得られる。このことから直ちに「知能は老化とともに低くなる」とは結論できない。この点をもっとも説得的に示したのは、シャイエとバルテスである。同じひとびとを長期間にわたって調べてみると、若いときに頂点に達する分野があるいっぽうで、年をとっても維持されたり、若いときよりもすぐれた成績を示す分野のあることがわかった。若いときに頂点に達するのは推理能力、空間位置関係、反応速度の分野で、60歳、70歳までも維持または向上するのは言語能力、数能力であった。

しかも1950年代に生まれたひとと1970年代に生まれたひとが同じ年齢のときに知能テストを受けると、後で生まれたひとのほうがより良い成績を示すことを報告した。これは前にもふれたように世代効果と呼ばれる。世代効果は栄養状態の改善、教育年限の上昇などによると解釈されている。バルテスはこうした結果から、知能には機械的な知能と文化と知識に依存する知能があるとし、後者が時代の影響をより強く受けるとした。知能が時代によって変わるという事実を長期間にわたる研究ではじめて実証的に明らかにした彼らの功績は大きい。だがシャイエとその共同研究者によるこのテストを受けた老人たちの記録映画があり、それをみると、この老人たちは特別の老人であるという印象を受ける。実証的研究として立派なかたちで出版されてはいるけれども、研究参加者の特殊性をも考慮しなければならない。こうした実験では大学での老化の研究に参加してくださいと広告を出すのがふつうで、自信満々のひとたちだけが参加を希望する可能性は否定できない。この研究からの一般化には限度があるということである。

性格の発達

性格とはなにか。性格テストで測られる特性と定義しておく。ポール・コスタとロバート・マックレーというアメリカ政府研究所の研究者による大掛かりな研究をバルテスは引用している。どんな特性が計られるかといえば、心配症・鬱傾向・衝動性などの神経症的特性、温かさ・自信・能動性・元気などの外向性、豊かな感情・想像力・審美性などの進取の傾向、有能・義務感・自制熟考などの良心性の傾向などである。ひとつひとつの項目について、どれほど自分にあてはまるかを選択する。

同じひとびとになんどもテストをしてその点数を集計し、前と同じ選択をしたか調べると、たしかに同じ選択をする。つまり性格は変わらないという結論がでる。相関係数では0・7以上の数字がでている。この結果は、日常生活で学校卒業後50年のクラス会出席でふつうのひとがもつ感想と変わらない。「君は昔とちっとも変わらないなあ」という発言は頻繁に耳にする。注意しなければならないのは、50年後のクラス会に出席するのは一部のひとたちで、それなりの満足感をもって、離婚・失業・重病など性格をかえるような事態を経験したひとの参加が少ないことを考慮しなければならない。実証研究に参加するひとも、参加に同意する時点で選択がおこっていることを考慮しなければならない。実証研究では同意書が必要で、同意するひとは特殊なひとである。長期の年月にわたって大学の研究に参加すると合意するひとはさらに特殊である。その条件下での多くの研究では、性格は変わらないとの結論がでている。

愛情の発達学のところでは性格が幼年期、青年期などで変わるかのような段階説を紹介し、自己概念が変わるという仮説を論じた。それでは実証研究の結果と矛盾するかといえば、必ずしもそうではない。測る特性が異なるために、矛盾するかのような結果となる。すでに気がついた読者もいるかと想像するが、コスタとマックレーの研究では年月をへても変わりにくい特性、気質と呼ばれる特性を測っている。衝動性とか心配症とか自制心があるとかいう特性は変わりにくいというのである。

同じパーソナリティの研究でもひとの関心事が生涯のあいだにどう変わるかを測ると、感情生活の制御が年とともに上手になり、怒りや嫉妬などの負の感情が減少していくことがわかっている。と同時に、仕事にたいする関心が老年期に薄れていく。またまわりの環境を変えようとする傾向とまわりの環境に自分をあわせる傾向が年をとるとどう変わるかをみると、成人期には環境を変えようとする傾向が強く、老年期には環境を変えるのではなく自分の考え方を変える傾向が強くなる。こうした傾向は適応的選択の結果と解釈できる。老年期における知能の変化とパーソナリティの変化の双方に同じ傾向をみることができる。これらの適応的選択の傾向はこの分野にかぎらず、どの分野でも多かれ少なかれ観察される。

老年学における最大のパラドックス

日常生活のあらゆる面で支障がでてきて、はたからみるとみじめにうつる老人に。「あなたは生活に満足していますか」と、とてつもなく簡単な質問をすると、30代、50代のひとびとの答えと比較して研究者が驚くことは、彼らの答えがもっとも肯定的なことである。ふつうには理解できないことなので、これを老年学の最大のパラドックスという。

どう理解したらよいのだろうか。もっとも一般的な理解は、適応行動としての理解である。それ以外の選択肢のない適応で、自分の人生が満足すべき状態にあると思うことが生きのびるための選択であると解釈できる。また老人にたいする偏見が老人自身に根強く存在することとも関係がありそうである。加齢にともなう障害について、老人と会話をすると、ほかの老人と比較して「自分はあんなふうにはならない」という表現がでてくる。自分の自我アイデンティティのなすわざである。自分のプライドを守る自己防衛反応と言いかえてもいい。これは心理学的な説明である。

2　死にゆく過程の発達学

特殊な病気による夭逝や事故死などがない場合、老化をへて高齢で死をむかえる。ひとは何年生きて死をむかえるのか。世界史上最長年齢を達成したのはフランスのジャンヌ＝ルイーズ・カルマン（1875－1997）である。117歳で体に悪いとされる喫煙をやめて、122歳まで生きた。21世紀の生物学は遺伝子の研究と細胞の研究で120歳が最大寿命であると提案している。細胞のなかの染色体は細胞分裂をするごとに、その端末にあるテロメアが短縮し、細胞分裂50回で細胞は死をむかえる。また細胞のなかでエネルギーを供給する役割をもつミトコンドリアの遺伝子からも、120歳説が提案された。生物学の異なる2つの分野の研究で120歳説が別々に提案された。ふつうの平均的な死は70歳後半から90歳であって、これは過去50年のあいだに飛躍的延長をみた。21世紀に生きるひとびとは、こうした知識をもって老いを生きている。最大寿命説では生まれてから120年までの間に、すべての人が必ず死をむかえる。

死とはなにか。つい最近までは、心肺機能の不可逆的停止をもって死を定義してきた。最近では、人工心臓・肺を使ってかなり長いあいだ生きることが可能となった。そうなると、自分自身がそうしてまで長いあいだ生きたいかという問いかけが自然にでてくる。死の苦しみをとりのぞくために、医師による自殺ほう助とか安楽死（死へ至る過程が前者では自分の行為により、後者では医者の行為によりはじまる）が現実におこなわれるようになった。この新しい選択肢は、死の発達学に大いに影響をあたえる。死は受動的に受容する自然の過程から、選択の行為へと変化する。エリクソンの理論はこの選択肢がなかった時代に提案されたにもかかわらず、この選択肢があらわれてからも適用可能性を宿している。

エリクソンは、死を意識しはじめる段階を生涯発達の終着点であると同時に、次世代への展望をひらく出発点としてとらえる。愛情の章でみたように、老年期の自我統合の段階をみた。それによると、老年期は自分の人生をかえりみて自分なりの評価をする段階である。自分自身をその家族や文化歴史的伝統のなかでかえりみたとき肯定的評価ができるならば、死の恐怖にうちかつことができるし、そうでなければ、絶望の淵に立たされるという。肯定的評価ができる老人が孫にその生涯を語るとき、孫は自分自身の文化歴史的伝統に信頼をよせるという記述もある。その短い記述のなかでエリクソンは、死が世代を心理的につなげる契機となることをいっている。それぞれの段階で危機を乗り越えるというのがエリクソンの理論であるから、絶望を経験しない老年期はまれとなる。

エリクソンは最期をどうむかえるかの段階で、近しいひとへの全面的信頼、子猫が母親に全面的に信頼し身をまかせる事態をイメージして記述している。それは近しいひとを選択したとしても、自分がいつ死ぬかの選択の放棄でもある。社会の制度が心理学の理論化においついていない状況では、妥協の産物といえるかもしれない。尊厳死が一般的になった時点では、おそらくエリクソンは、死ぬ時点についても自己の選択を理論化するのではないかと推論できる。彼の理論の全体をとおしての自己決定論に合致していると考えるからだ。特にアイデンティティの形成では、選択の苦しみが必要であると言っている。もちろん認知症などで自己決定をする能力を失った状況では、選択は不可能である。その場合は、能力のあるうちの意思表示にしたがった選択となる。

発達学では、われわれがどのような過程をへて死んでゆくかのテーマにはふれたことがなかった。ボーヴォワールは老いについての著作のなかで、老いと死がそれまでタブーとしてあつかわれなかったとし、自分はそのタブーに挑戦するのだと書き出している。ところが彼女の著書出版の少し前に、エリザベス・キューブラー＝ロスは、まったく同じことを序説に書いて、死にゆくひとびとの臨床記録を出版した。その著には老いの話はなく、死にゆく過程の話だけである。20世紀の後半にはいって、ほぼ同時に死のタブーに挑戦する記念碑的業績がアメリカとフランスで出版されたといえる。

キューブラー＝ロスの死の心理学

死の臨床記録を最初に出版したのは、スイスのチューリッヒ近郊の農村地帯で三つ子のひとりとして生まれたエリザベス・キューブラーである。１kgに満たない未熟児であった。農場で育ったから、動物との愛着関係ができるのも想像に難くない。黒いウサギが彼女の最愛のペットであった。ある日父親が言った。「そのウサギを今日の夕食にするから、肉屋さんへ行って、さばいてもらってくれ」。このときのエリザベスの衝撃は計り知れない。どんなに抗議しても父親の命令にそむくことはできない。今でいえば、子どもへの精神的虐待である。もっとも残虐な父親の姿である。エリザベスは泣く泣く父親の命令に従い、それを実行する。その日の夕食時に父親はエリザベスにその最愛のウサギの肉を食べるよう命令した。これ以上残虐な虐待があるであろうか。

その日以来、エリザベスは怪我をした動物の介護に夢中になり、小学6年のとき父親の怒号の反対をおしきって、医者となる決心をする。その間傷病兵の看護にもたずさわった。スイスの医大では将来のアメリカ人の夫に出会い、夫とともにアメリカに移住する。結婚し、姓はキューブラー＝ロスとなる。アメリカに移ってからしばらくして、死にゆくひとびとの研究をシカゴ大学ではじめる。周囲の反対にあう。それでも患者から同意書をとりつけ、はじめて「科学的な」死の心理学を打ち立てた。以下は1969年の『死ぬ瞬間——死とその過程について』による記述である。

否認の段階

不治の病と診断された患者の最初の反応は、「そんなことはない」という否認である。「ほかの患者の検査結果ととりちがえたのではないか」「検査結果がこんなに早くでてくるはずがない」と、ほとんどの患者がいう。ふつうはこうした否認も部分的で一時的であるけれども、クリスチャンサイエンスの信者は死ぬ寸前まで否認をとおしたと報告している。キューブラー＝ロスはこうした否認の発言はショックをやわらげるための防衛であり、否認をしながら、時間かせぎをして、次の段階の準備をすると解釈している。さらに「人間は無意識の世界では不死である」から検査結果をすなおには受け入れられないのだという、精神分析的解釈もしている。

怒りの段階

大半の患者はなんども検査を受けるうち、診断を受け入れる。そして「なんで私が」と感じる怒りの段階がくる。近所のひとを見ると、誰も彼もが悪いことばかりしている、「良いことばかりしている私がなぜ不治の病にかかるのだろうか」という感情である。この怒りは隣人友人などのまわりのひとびとにたいする怒りなのだが、それが医者や看護師にもむけられることがある。「おまえはやぶ医者ではないか」「どの検査をすればいいのかわかっているのか」など。

ここで医療関係者がなすべきことは、患者の心理状態に向き合うことである。怒りを通じて、患者はその意志を伝えようとしている。「私は生きているのですよ、このことを覚えていてください、私の声が聞こえるでしょう、まだ死んでいないのです」。患者に注意をむけ、敬意を示すことで、何人かの患者の怒りを鎮めることに成功したとキューブラー＝ロスは報告している。怒りを個人的な怒りとして受け止めずに対応することを勧めている。

とりひきの段階

この「とりひき」の段階は一時的である。とりひきとは、不可避なる事態を遅らせる作業である。あるオペラ歌手だった患者は、放射線治療のためにすべての歯を抜かなければならない事態に直面したとき、最後に一度でいいから歌わせてくれと頼んで、実際キューブラー＝ロスのセミナーですばらしい演技を披露したという。もうひとりの患者は息子の結婚式から帰ってきて疲労困憊のなか、「覚えていてください、私にはもうひとり息子がいるのですよ」。この次の息子が結婚するまで、私を生きさせろというとりひきである。

鬱の段階

そのうちに病状が悪化し、体重が減り、気力がなくなり、微笑むことさえもできず社会とのつながりを絶ち、喪失感をともなった鬱の段階がくる。愛の対象を失うとき鬱になるように、世界という対象を失うときにも同じことがおこる。体の部分を失うことにくわえて、失職による収入の減少、治療費の加算もこの鬱状態に拍車をかける。誰の目にも明らかな喪失にくらべて、忘れがちなのは、患者の悲嘆である。この悲嘆は、今まで生きてきた世界を失うことからくる悲嘆である。

この鬱の段階が愛の対象の喪失への準備であるならば、「がんばれ」というような元気づけは意味がない。悲嘆そのものの受容が大切である。患者の悲嘆の表出をまわりの者が受容できれば、患者は自分で死の受容ができるようになる。ことばによる意思伝達よりも、手を握るといった感触的意思伝達をするか、ただ単に一緒にいるという行動のほうがふさわしい。

受容の段階

急死などの事態がなく、意識がある場合は、鬱のあとに死の受容の段階がくる。感情というものがない状態である。来るべき死にたいして怒るわけでもなく、鬱になるわけでもない状態である。死ぬ前につきものの長時間の睡眠のあいまに、受容は「戦いは終わった」、「最後の休み」などということばにあらわれる。ニュースなどには興味を示さず、ひとりでいることを望む。沈黙が最良のコミュニケーションとなる。鳥のさえずりを静かに聞き、最後まで一緒にいるとの雰囲気をつくるのが好ましい。手術の麻酔からさめたある患者は、「これほど穏やかな気持ちになったことはない」とキューブラー＝ロスに語ったという。

この本は、その後の章であたかもペットを失った在りし日の自分を援助するかのように、家族のひとたちが家族の一員を失うときにどう対処したらよいかを論じている。死にゆくひとの怒りや攻撃性を受け入れ、いつでも援助の手を差し伸べられるようにしなさいと勧めている。死にゆくひとは死の瞬間そのひとの問題を完全に解決するけれども、残された家族は長期におよぶ悲嘆の作業がまっていると。

キューブラー＝ロスは、愛する対象の黒いウサギを失ってから、その悲嘆の作業の中核に自分の職業生活をおいたといえる。その喪失感があまりにも強烈であったのだろう。また父親の権威を乗り越えようとしたのは目に見えている。反権威の極端な側面は次のエピソードにあらわれている。キューブラー＝ロスは患者のことばを真実であると解釈し、死にゆくひとの臨死体験（死線をさまようときに見たり聞いたりする体験）から天国がある、死んだら最愛の家族に会える、神は存在するなどの主張をくりかえし、夫から離縁状を突きつけられても信念を変えなかったと伝えられる。もちろん学会は、そういう人物を排除する。離縁状を突きつけた夫が死にゆくときにはその近くに引っ越して、最後の看護をした。未熟児として生まれたこととおそらく関係するであろう脳血管障害で、70歳をすぎてから体調不振であった。死にゆく過程で、「はやく死なせろ」と、まわりの医者に不満をぶつけたと伝えられる。最後の2段階をとおらずに、怒りの段階で死をむかえた死のエキスパートのすがたである。

キューブラー＝ロスの発達は、父親の命令で最愛のペットを犠牲にしたというトラウマにはじまり、死にゆくときのトラウマに終わった。幼児体験があまりにも鮮烈であって、誰の目からみても、彼女の一生を貫くのは幼少期の愛の対象喪失からくる悲嘆の作業であると結論するであろう。抵抗できない父親の命令に抗しえなかった自分と、学界の権威をものともしない自分が重なりあっていたのだろうと推測できる。それ以外の解釈が見つからないほどの透明性がある。幼少期に「心の看護」を可能にする発達の経路が深くきざまれたと私は解釈する。著書のなかで鮮やかに記述されている看護への集中の陰に権威への強迫的抵抗があるようにみえるし、そのために夫にたいしては手厚い看護をしたものの、自分にたいしては自ら導きだした看護の知恵を使うことがなかったようにみえる。

キューブラー＝ロスは、死にゆく過程であってもひとはそのひとにしかないしかたで最期をむかえる、つまり自分史の完結をするのだと、最後に結んでいる。キューブラー＝ロス自身はどうかといえば、自分の著作のなかで記述した「受容」を受け入れず、怒りのなかで最期をむかえたと伝えられる。人生の出発点で両親とは異なる遺伝子情報をもらい、その後も常に自分の発達の経路を選択するという本書のテーマが、死にゆく過程の発達学でもくりかえされる。

3　悲嘆の作業

ひとが死ぬと、残されたものは悲しみ嘆く。ふつう死は老年期でおこるので、死んだひとを嘆き悔やむ作業は、同じく老年期の配偶者や子どもがおこなう。死がない場合でも、離婚などで一方の親との絶交がおこれば、その子どもは親が死んだときと同じような悲嘆を経験する。見合い結婚をして結婚式の数ヶ月後に離婚する場合は別として、過去に愛しあった夫婦が離婚する場合にも、心理的には悲嘆の作業がおこる。友人との絶交も同じで、半世紀にわたる関係を突然失うとき、嘆き悲しみ悔やむ作業がおこる。親の投獄などで子どもが親に会えない状況も同じである。悲嘆の作業は、亡き人とのそれまでの愛情の形成を前提としている。ふつうに悲嘆の作業というときには、配偶者の死にあったとき残されたものの悲嘆、親の死にあった子どもの悲嘆、子どもの死にあった親の悲嘆をさす。

愛情の発達の章でみたように、愛情の形成には膨大な時間がかかる。長時間かけてお互いにきずく活動である。融合への運動を継続するためには多大のエネルギーが必要となる。愛情形成にまつわる融合とは自分が他人と一心になることであるから、愛するひとを失うことは、自分の否定をふくむことを忘れてはならない。であるからこの運動が破たんしたときは、否定された自分をとりもどす作業と自分のなかにある相手を否定し排除する作業がおこる。融合のために使ったのと同じ量のエネルギーが、相手の破壊と自分の取り返しに使われる。殺人事件は家の外よりも、内ではるかに頻繁におこる。家庭内暴力をふるうのは誰か。暴力をふるって勝てると信じるものである。夫婦でいえば、夫であり、親子でいえば子が幼少の時点では親、親が年老いた時点ではおとなになった子である。どこの国でも一番危険な場所、殺される確率がもっとも高い所は家庭である。子どもの事故死でも夫婦間の暴力でも、家庭のなかでおこるものが圧倒的に多い。愛の破たんの結果配偶者を殺したり子どもを殺したあとでは、悲嘆の作業がおこるはずであるが、それを通常は悲嘆の作業とは呼ばない。殺人をしたひとが殺した相手にたいして悲嘆の作業をするという前提がないのだともいえる。

思春期以降の子どもによる父親殺し母親殺しもニュースになる。親の子どもにたいする愛は最初純粋で自然に感じられる。その愛は無条件の献身であると同時に、父母の期待のあらわれでもある。子どもは親の期待を強く感じて、それに応えようと努力しながらも、親がいなかったらどんなに自由かとも感じる。通常はそれが意識化されることはないのが、なにかの事件をきっかけに意識化し、暴力行為、殺人へと至る。自分の人生に負担をしいる親を殺すという論理である。親を殺したあとには長期にわたる悲嘆の作業が続くと想像できる。

このような事例で大規模な実証的研究をするのはほぼ不可能である。研究対象となる殺人者がきわめて少数であり、彼らの同意が必要であるからだ。研究結果がでているのは、子どもが愛するひとを病死、事故死、離縁などで失った場合の悲嘆の研究、恋愛状態にある相手の喪失による悲嘆の研究、老年期の死別のあとの悲嘆の研究などである。そのときの分析でもっとも説得力があるのは、精神分析派の仮説である。小此木啓吾（1930－2003）は鑪《たたら》幹八郎との対談で、フロイトの理論の真髄は愛の対象を失ったときの分析にあると主張したことがある。世間の非難をあびた小児性衝動論などは、この分析の一部をなすだけであるという。悲嘆の作業の仮説がなぜ真髄なのか。それは愛の形成が愛情の章でみたように乳児期からはじまり、膨大な時間とエネルギーをかけてなす作業であるからだ。その作業が突然中止すると、それはなぜおこったのか、ひとは膨大な時間をかけて理解をしようとする。精神分析学派を除く歴史上あらわれたどんな仮説も、この壮大な愛情形成、特に性愛形成の過程を説明できない。説明できないどころか、まったく関心をよせていない。性愛形成の個人史を理解しないで愛の対象喪失時の悲嘆を理解するのは不可能である。精神分析学派がこの愛の個人史の記述にすぐれているがために、その悲嘆の作業の仮説が輝いてくる。われわれは愛の対象喪失をどうやって乗り越えるのか。

子どもの悲嘆の作業

乳幼児が母親と死別することがあるし、母親が投獄されたために愛の対象を失うことがある。今から100年ほど前はそのときになにをすべきか科学的知識がなかったので、子どもを病院にいれ、食物だけをあたえる処置がなされた（つい最近でも、ルーマニアの施設では同じような処置がなされ、そこから来た子どもたちの愛着行動の異常をその養父母の家族から聞くことがある）。20世紀初頭フロイトとローレンツの流れをくむ分析家のボウルビィは、そのような子どもたちの愛着行動の研究をした。スピッツはそれを記録映画にした。今そのときの映像で、ベビーベッドの柵のなかの赤ちゃんの見るにたえない悲嘆のすがたを見ることができる。有能な役者でもこれほどの悲嘆を表現できないと感じさせるほどの、強烈な印象をあたえる。生きる意欲を完全に失ったすがたである。すべての生命体のもつとされる自己保存の傾向さえ観察できない。母を失っても代わりの養育者があらわれると、そのひとを新たな愛の対象とし、愛着行動の再構成をすることを示した。

エリクソンは住み込みのベビーシッターを失った4歳のピーターという男の子のケースをその名著に載せている。ピーターの小児科医は自分には手に負えない緊急を要する心理的病理をわずらっていると判断し、エリクソンに治療を依頼した。ピーターは大きなお腹をかかえ、移動困難な状態だった。まずピーターの住むところへ家庭訪問をして、ピーターの話を聞いた。ピーターの夢想の話は次のようなものだった。「このうちに小さな象さんがいたらいいのに。どんどん大きくなってうちを壊してしまう」「あのミツバチを見て！　あれは僕のお腹のなかの蜜が欲しいんだよ」「夢を見たときうちには猿がいて僕のお腹のなかに入ろうとするの」。このような夢想を聞いたあとで、エリクソンはピーターの大好きな絵本を見せてくれと頼んだ。「これはオオカミがジンジャブレッドマン（クッキーの一種）を食べているところ、でもジンジャブレッドマンは痛くないよ。だって生きてないから」。エリクソンはさらに、次に大好きな本を見せてと頼んだ。ピーターは汽車の絵本を見せて「汽車がトンネルに入りました。真っ暗なトンネルのなかで汽車は死んだように止まりました」。ここまで聞いてエリクソンは推理をする。ピーターはお腹のなかに大切なものをもっていて、そのままにすればお腹が裂けて、もしそれを出せば、大切なものは死んでしまうと。つまりこの子は妊娠の夢想をしている。そこでエリクソンは、この子とともに象の絵を描いて、象のお腹のなかに赤ちゃん象を描いた。それと同時に断面図を描いて、出口を2か所、ひとつは排泄のためのもの、もうひとつは赤ちゃんを産むためのものを描いた。エリクソンは、「こっちのほうのことは知らない子どもがいるんだよ。多くの子どもはウンコと赤ちゃんは同じ出口からでてくると思っているんだよ」と言った。ピーターは興奮して「うん、僕は大きくて出口からでられなかったから、お腹を切って生まれたんだって」。エリクソンは絵をまた描いて、ピーターが生まれたときを図解した。また明日来ましょうと言ってエリクソンはその家を去った。そのあとピーターがスーパーサイズの排泄をしたとの報告を、エリクソンは受けとった。

エリクソンは、なぜ排泄の問題がおこったたか、なぜ妊娠の妄想があらわれたのかを解明するために、ピーターの親から情報をあつめる。ピーターの両親は共に専門職の仕事に忙しかったので、住み込みのベビーシッターを雇った。非常に有能で2年間も世話をした。ところがピーターが4歳になってから彼の異性をめがけた攻撃性が強くなって、このベビーシッターを解雇したと報告を受ける。また、このベビーシッターはピーターには「結婚して子どもを産むためにどこかに行く」と告げた。ピーターとしては愛するひとの喪失であるから、自分が子どもを産んでベビーシッターのようになることで、悲嘆の作業をしたとエリクソンは考える。愛するひとを失うとき、そのひとのようになることで、悲しみをやわらげるという仮説がこのピーターの症例でよくわかる。

愛着行動とその破たんの研究は、アメリカのエインスワースを介して20世紀の愛着行動の発展につながる。エインスワースは外交官であった夫の出張地のロンドンで、偶然ボウルビィの新聞広告を見て、彼の助手となったのがきっかけでアメリカにおける愛着研究の草分けとなる。教科書で有名なハーロウの研究では、リーザスモンキーで施設病の再現をした。サルでもひとでも、愛するものを失ったときに子どもが経験する苦痛は計り知れないことを示した。

他方1945年にナチスの強制収容所で連合軍による解放がなされたときに、5人の両親を失った子どもたちが発見された。それまでの子どもの発達の研究から、この5人は重度の愛着行動異常があるのではないかと判断された。ロンドンで活躍中のこの分野の最高指導者、アンナ・フロイトに連絡をして、彼女がこの5人の追跡研究をすることになった。意外なことに、この5人は同志意識がきわめて強固であることを除いて、情緒障害がみられなかった。ただし、もし1人の子どもが見えなくなると他の4人がパニック状態になることが報告された。このケースは、愛の対象の喪失が一時的にせよ、強烈な苦痛になることを示している。

思春期から青年期にかけての悲嘆の作業

愛するものを失う場合はそのひとの性格を変えたり、人生の目的を変えたりする大きな変化が生じる。神谷美恵子（1914－1979）の『生きがいについて』という著作のきっかけは、彼女の若いときの愛するひとの病死であるとする説がある（神谷美恵子の遺作集『うつわの歌』のなかに「絶門の歌」という詩があり、そのひとのために一生をささげるという決意が表明されている。事実彼女は、多くの死にゆくひとの治療に生涯をささげた）。少女時代に愛する「黒いウサギ」を失ったキューブラー＝ロスは、その一生を死の研究にささげた。

愛するひとを失った結果生み出される作品の例は多数ある。オランダの画家ゴッホ（1853－1890）はロンドン近郊に下宿していたころ最初の恋人を失ったがために、その後の人生を宗教と芸術にささげたとされる。作曲家ベートーベン（1770－1827）のピアノソナタのいくつかは、ジュリエッタという幼稚で利己的で彼を残酷なまでに苦しめた若い女性へのかなえられない恋の表現であるという（ロマン・ロラン『ベートーベンの生涯』）。ダーウィンの学説をドイツでひろめた功績のあるヘッケルは、結婚後2年で愛妻アンを病気で失う。それまでの結婚生活を人生のもっとも幸福な体験であったと友人に打ちあけている。愛妻の死後、ひとが変わったように誰ともつきあわず著作に没頭する。一日16時間、一週間7日間執筆に没頭する。そしてヘッケル自身が発見した海洋微生物に関する大著の研究書の出版にこぎつける。愛妻アナゼーテの名をとってクラゲの一種の学名とする（アンドリア・ウルフ『フンボルトの冒険――自然という〈生命の網〉の発明』）。精神分析学者の解釈によると、これらの事例は「性的衝動の昇華としての社会的貢献」となる。愛するものを失うとき、悲嘆の作業として愛するひとへの投資を人類福祉に振り向ける例である。多くのひとびとは今なお神谷美恵子やゴッホやベートーベンの作品から感動を得ている。昇華の事例をあつめると、性衝動は昇華という過程をへて文化形成の原動力となることがわかる。

子を失った親の悲嘆の作業

成人したひとびとが子を失うのは小児白血病などの特殊な病気、インフルエンザ流行のとき、交通事故、学校などでの大量銃撃事件などのときである。親を失った子どもと同じく衝撃的な苦痛を経験する。こうしたケースについては質問紙で多数のひとに質問するわけにはいかないので、臨床記録や報道からの類推で考察する以外に方法がない。２０１８年2月、本書の執筆中にフロリダ州でおきた高校の銃撃事件では14人の犠牲者をだした。友人やクラスメートを失った高校生の悲嘆の作業は、心理的悲嘆をこえて、銃規制のための運動をふくんでいた。「21歳未満の飲酒を禁じられている高校生がなぜ大量殺人用のライフルを合法的に買えるのか」と、不合理きわまりないおとなの欺瞞を糾弾している。これが将来どのような展開をみせるのか予想がつかない。はっきりしているのは、悲嘆の作業が心理のレベルにとどまらず、社会変革へとむいていることであろう。

宇宙開発の国家的事業のロケットの発射事故で子どもを失った父親が、その事故当日に「息子は地上よりもいいところにいる」と記者の質問に答えたことがある。これは記者むけのあいさつと解釈できる一方で、危険を知っていたからこそ、大きな目的のための死と理解したからこそ、平静な態度をとれたのだとも解釈できる。幼い子どもを殺した人物が精神異常者である場合は、どう考えても死を正当化できない。それまでにつぎ込んだ愛の作業が無に帰すわけで、悔やんでも悔やみきれない。自分のアイデンティティと家族のアイデンティティが一気に失われる。

老年期の悲嘆の作業

老年期の死別は予期され、また経験者が非常に多いことから実証的研究が多い。ジョージ・ボナノらとキャロル・オットらによると、伴侶との関係が良好な場合は、ほぼ同じような経過をたどる。死別の直後は身体的異常を経験する。息切れ、ため息、胸の圧迫、虚しさ、不眠、消化不良などである。同時に、心理的には、信じられない、夢ではないか、ときどき死んだ相手を見かける幻視などを体験する。しばらくすると自責の念、悔やみ、罪悪感、怒り、不安、落ち込みになどにおそわれる。「もしあのときにセカンドオピニオンのためにもっと優秀な医者に出会っていたならば、あのひとは今までどおりの健康を回復していただろう、悔やんでも悔やみきれない」という発言は自責と悔悟をよくあらわしている。

愛の融合仮説を思いおこそう。愛するものを失うというのは、相手と融合した自己意識の一部を失うことである。自分の一部を失うことでもある。失ったものを取り返すために、生き残った者は失ったものの行為をわがものとする。そこには愛する対象の行動と意識の再構成がある。具体的には失ったひとの日常行為を自分で試みる、たとえばそのひとの使っていた香水を試してみる、茶碗を使ってみる、同じ口調で話をする、などがある。波多野完治は勤子夫人を亡くしたときに立ち直れないほどの衝撃を受け、本格的な鬱状態を経験した。無為に過ごすなか、ある日突然「勤子の分まで生きよう」と決心したと報告している（『波多野完治全集』）。こうして失ったひとの一部を自分のものとする。これは悲嘆の作業である。およそ2年間で新しい自己の形成が完了する。悲嘆の作業の平均的な期間である。

悲嘆の作業の研究で性差が報告されている。男性が配偶者にくらべて数歳上であるという年齢差にくわえて男性の寿命のほうが短いために、老年期で悲嘆の作業をするのは女性が圧倒的に多い。さらに伴侶の死にあたって、女性のほうが男性よりも回復が早いということもある。一般に伴侶の死を女性のほうが他人に語る傾向が強い。しかも、語る相手は女性が多い。語られたほうはあたかもその事実が自分のことであるように感じ、伴侶の死の代理経験をする。男性のほうは伴侶の死を語る相手がきわめて少ないのは、そのころには親しい友人をすでに亡くしている場合が多いからである。たとえその男性に死を語る相手がいたとしても、そうすべきかどうかを考える傾向がある。仕事や趣味の面では饒舌な男性であっても、こと個人的な悲哀となるとそれを語ることが少ない。男性は一般に、自分の弱みを語るのが苦手である。若かりし日に自分の強さを誇ってきた過去が災いするともいえる。こうした傾向は悲嘆の作業にかぎらず、青年期でもいやなことに遭遇したとき、男性は内に秘め、女性は家族や友だちに報告する。女性も男性も伴侶の死の直後は同じように死亡率が上がるけれども、女性のほうは短期間でふつうにもどり、男性のほうは高原状態を維持する。話し相手の数が女性のほうに多いという事実は、悲嘆の作業を有利にみちびく。平均でいえば、女性の悲嘆の作業時の年齢が男性よりも若いので、若い分だけ適応能力がすぐれているともいえる。

伴侶との関係が険悪な場合や無関心の場合はケースバイケースである。相手が「死んでしまったらよいのに」と思っている矢先に実際に死んでしまうと、希望がかなえられてめでたし、というふうにはならない。相手の死を望むことからくる罪悪感にさいなまれるのがふつうである。2年間で新しい自己の形成とはならない。長期にわたる悲嘆の作業が待ち構えている。老年期に入って些細なことから相手を極度に憎み、葬式には相手を呼ぶなという遺書を残したケースで、そのことを知らない相手が、憎まれた相手の良い思い出ばかりを反芻し罪悪感のうすい悲嘆の作業もある。

老年期に相手を失っても悲嘆の作業をしないケースもある。高齢期の認知症のケースで、相手を失ったと知らされてもそのことを忘れてしまえば、悲嘆はおこりようがない。また、愛情で結びついた関係がないケースでも悲嘆はおこりにくい。経済的成功のため、あるいは子どもをつくるためにのみ結婚をする場合は、その目的が達成された時点で相手の存在は意味を失う。相手が死んでももとの目的が達成された状況は変わらず、悲嘆する理由がない。はじめの目的が実利的であっても、あとからふつうの愛情関係をきずくこともある。その場合は上記の2年間かかるふつうの悲嘆の作業がおこる。

性愛ではなく友愛で結びついた関係では、悲嘆の作業が軽いかたちでおこる。性愛と友愛の違いはセックスにともなう融合感があるかないか、精神的融合感がどれだけあるかによる。50年以上親しくつきあった友を失うとき、そのひとを傷つけたことが過去にあったならば、その許しを請うであろうし、死んでしまったあとでは、罪悪感に襲われるであろう。そのひとの願いを推察し、それにそった行動をはじめることもあるだろう。配偶者を失ったとき、親を失ったときの悲嘆の作業に準ずる行動がある。ふつうの悲嘆の作業のときの感情がおこるにもかかわらず、悲嘆というよりも哀惜の作業の場合が多い。

さまざまなかたちをとる悲嘆の作業は、すべて愛の関係を前提としている。愛の形成なくして悲嘆の作業はありえない。その愛の形成はいつおこったのか。少なくとも肉眼で観察できる範囲では、誕生とともにおこった。親子の愛を誕生の瞬間に観察できないひとは存在しない。3ヶ月もすると笑みをかえす行為で乳児はまわりのひとに愛を表現する。愛情関係の形成は生まれたときにはじまり死ぬまでかかる過程といえる。「愛する私」はいつ形成されたか、自省的な自己意識が成立し「自分はなにものか」に答えようとするのが、思春期であることをみた。自分を構成する重要な要素の一部は、このころ形成されたといえる。愛するひとを「私」の一部として自己意識を形成する。愛情関係の終焉または破たんでこの同じ問いが、愛するひととの関係でふたたび問われる。自己と相手の精神的融合の度合いによって、「自分はなにものであったのか」「自分の選んだひとはなにものであったか」と、相手の死後も自問自答する。かくして悲嘆の作業においても、相手を失い独り身となったあとでも、「私」の形成はとどまることなく続いていく。

4　まとめ

老いと死と悲嘆の作業とはなにか、このテーマは永遠のテーマであり、いくら研究が進んだところで、納得する回答をえることは不可能である。２０００年の歴史でいえることは、生涯現役、死ぬまで青年などというイデオロギーを信じているひとびとが多く、キケローにはじまりコメニウス経由でボーヴォワールなど哲学者もそれを共有している点である。大半のひとは、それが可能ならばそうありたいと願うのである。願いどおりに人生を終えられるひとは少数ながら存在する。生涯現役仮説は限られた意味で支持されている。しかし生涯発達学の視点からいうと、老いと死をまともにあつかわないのは欠陥である。特別にめぐまれた少数者の生涯発達だけを説明できる仮説では不十分である。

エリクソンは、自我統合という概念で老年期と死を理解しようとした。愛情の章でみたとおりである。本書の全体を通じて自我の発達、自己意識の発達、自我アイデンティティの発達など同じような意味をあらわすコトバを使って、生涯発達を理解しようとつとめてきた。老いとはなにか、死とはなにかに答えようとするのは、この自分の発達の終着点を自分なりに理解する作業である。このエリクソンの思考にそって、最新の進化学の知見をふくめ、エピジェネティックスの立場から、この作業の内容を吟味してみる。

エリクソンはこの自我統合を自分の属する文化的集団との関係で考察した。自分の家族の歴史のなかで自分の位置を確認する、自分のはたした役割を理解する、自分の先代と次代と次次代を視野にいれてそれらとの交流のなかで、自己意識の確認をする。自分の家族と文化的背景を考えて自分の人生をふりかえるごとに、新たな自己意識を構成する。絶望をも頻繁に体験しながら、苦難を乗り越え、自分の人生のありようを自分なりに理解する。

老年期にはいると、自分のもって生まれたであろう遺伝的潜在性とはなんであろうかと思いをはせる。職業選択や配偶者選択をするときには知りえなかった遺伝的潜在性の知識を、その後の半世紀のあいだに獲得する。大学を卒業したころは自分の先祖の職業選択や配偶者選択にはふつう関心をよせない。老年期にはいり死を意識すると、自分の遺伝的潜在性を自分の先祖の遺伝的潜在性の文脈で考えようとする。自分はいったいどこからきたのだろうか？　南方系か北方系かなどの単純な話ばかりでなく、先祖の遺伝的に関係のある曽祖父曽祖母までさかのぼり職業の種類や婚姻関係を調べ、自分のなかに流れているかもしれない共通の潜在性に思いをめぐらす。何百年にもわたる先祖の家系図に突然興味を示す。そうした潜在性がどんな環境のもとで顕在化したのか、親が自分の教育であたえてくれた教育環境は自分の潜在性を抑圧するものだったのか、顕在化するものだったのか、それとも中立的であったのか？　先祖の配偶者関係は自分の配偶者関係と似たところがあるのだろうか？　科学的問いとはいえないきわめて個人的な問いかけをする。

配偶者選択と職業選択と政治と宗教のイデオロギー選択が自己意識の４本柱とされている。先祖に政治的な事件をおこしたひとを発見する場合がある。それが何世紀も前であったとしても、それは自分のイデオロギーを吟味するとき意味をおびてくる。先祖の数は10代さかのぼれば天文学的数字になるから、調べれば自分との関係を発見することができる。調べなくとも、語り伝えのなかにそうした有力人物があることがある。老年期の友人との会話では、そういう人物についての情報が多い。近親の老人の死後、その若かりし日の日記やエッセーがでてきて、それまでは知りえなかった故人の姿があらわれる。このときからこの故人と自分との想像上の対話がはじまる。ふつうの日常生活で多くのひとびとが体験することがらである。若いときには知りえなかった情報を得て、自分の潜在性について再発見をする。自分はなにものか。自分の自己意識を新しいものにする。自分はなにものかの問いにたいし、客観的に正しい答えはない。答えはなくとも、あるところで納得ができれば、それを自分の自我統合に利用する。あるひとの自我統合では客観的に正しいかどうかは問題とならない。個人的主観的であるのが自我統合の性質である。自分の生涯発達とはどんな意味をもっているのか、人生の意味を味わうのが自我統合の中核である。

自分の余生を自覚したひとのほうが、この自我統合に多くの時間を費やすであろう。他方、生涯現役で活躍しているひとも、同時にこの種の自我統合をするであろう。人生に限りがあること、死が不可避であることを自覚したほうが、この自我統合の作業が進むのではないか。日経「私の履歴書」の連載最終回に近くなると、自我統合の作業の様子がよく記述される。最大公約数は「遺伝的潜在性にめぐまれ、好運に出会った」自我統合である。当然のことながら、著者たちは社会的成功者であるから、この自我統合は一般的ではない。にもかかわらず、遺伝的潜在性というのは自我統合の前提となる。ある歌劇役者は「気が進まないのにはたから勧められオーディションにでたら合格して」という記述をする。これは遺伝的潜在性が自分には気づきにくい場合があることを示している。「自分のことは自分が一番よく知っている」というのは半面の真理である。高校生は人生についての知識が乏しいはずであるが、親しい友人の職業選択について「君は教師だ」「君はサラリーマンだ」「君は芸術家だ」などと評価したことがそのまま現実となって、それなりの人生を歩んだ例がある。老年期になってこうした事象をふりかえってみると、生涯発達のまとめはエリクソンのいうような自我統合、ふつうにいえば人生のしめくくり、集大成であり、そこには反省と悔悟がともなうといえよう。

ひとは死後無為である。ところがその死んだひとの評価は長く続く。歴史的な業績のない場合は、おそらく死んだひとを記憶にもつ少数のひとびとの心のなかでそのひとは生き続ける。歴史の章ででてきた人物は今もなおその業績が新たに評価され続けている。新しい伝記が今なお出版される。21世紀には21世紀にふさわしい評価があり、プラトンなどは時代とともに評価が更新され、それが２４００年も続いている。生物学では２００年も前に生まれたメンデルとダーウィンが今なお語られる人物である。ダーウィンの仮説ばかりでなく、歴史上提案された仮説は今も更新されている。もともとの提案者の意図をはなれて、仮説は再構成されていく。研究の流行の節々で、原典にもどって仮説の再検討がなされる。ダーウィンの性選択仮説とルソーの性衝動管理仮説はその好例である。ダーウィンの進化仮説とルソーの発達学は、いまだにその豊富な内容の完全な理解ができていないといえる。21世紀の先端の研究者が今もなおその理解に四苦八苦している。個人の発達で自己意識が常に新たに構成されるのと同じように、科学の歴史のなかでも仮説は常に新たに構成される。そうであるからこそ、歴史の章で述べた仮説は発達を考えるうえでの主要な仮説なのである。

人間が歴史的存在であるというのは、ダーウィンの進化学の提案ではじめて人類に意識化された。今何千年にわたる哲学史をみれば、たしかに人類の思考は変化してきたことがわかり、思想の歴史的性格は理解できるけれども、それではわれわれひとりひとりが歴史的存在かというと、老年学の研究ではじめてそれが意識化できる。自分たちは先代とは異なる経験をして新たな世代に属するのであろうと、さらに次代もまた、新たな特性を獲得していくのであろうと確信できる。生涯発達のありよう、その最後をしめくくる老いと死と悲嘆の作業もまた、歴史的に変化していく。この変化を理解するために必要な仮説は最初の歴史の2章で検討した。種の変化を可能にする生命体の可塑性、ある環境下での遺伝的潜在性の顕現化、遺伝子の表現が環境の質によることなどが、歴史的存在としての人間の発達を理解するかなめとなる。ひとことでまとめると、生涯発達のすべての現象はエピジェネティックスの登場によって、今までよりもいっそうよりよく理解できるようになった。

第9章　これまでの学びをまとめる

いったい「私」はなにものか。どこからきてどこへ行くのだろうか。自分の自己意識はどう発達するのか、永遠の問いである。本書では21世紀に答えられる範囲で、この問いにとりくんできた。そのためには人類の思考の過去の成果を知る必要があるので、神話の世界からはじめて、発達に関するさまざまな仮説を検討してみた。ピタゴラスの時代からある前成説に対抗する後成説にはじまり、この対抗が今もなおかたちを変え、ひとびとの思考を支配していることを学んだ。自分の意識であれ、種であれ、物質であれ、それが変化するものなのかどうかは科学者や神学者の関心事であって、ダーウィン以前には不変の原理が支配的であった。自分のよって立つこの地面はここに永遠の昔から存在していたという意識は、よく理解できる。太陽も永遠の昔から存在していたと思い込んでしまう。本書をここまで読んだ「私」の知識のなかには、不変と可変のアイデアの闘争の歴史がすりこまれることとなった。自分自身の発達でいうと、可変の奥には生へと向かう力と死へ向かう力の相克がひそんでいることを学んだ。

ダーウィンの自然選択の提案から、種が変化するという理解が徐々にひろがった。それと同時に、化学元素も大陸も宇宙も気候も変化するという理解が、20世紀までには一般的になった。特に発達に関しては、生命の歴史のなかで自分の発達を考えようとする機運が盛んになった。人類発生のころのわれわれの生活はいかなるものであったか。そのころの生活様式を考慮にいれたほうが、いれないよりも自分の発達をよりよく理解できるであろうと、研究者が考えるようになった。われわれの親類種であるチンパンジーやボノボとの比較で、われわれの発達を考えるようになった。子どもの養育という現象をみると、霊長類などの親類種ばかりでなく、マウスとも多くの共通性をみいだすことになった。ダーウィンの性選択仮説が21世紀になるとまじめにとりあげられるようになり、サカナやトリの性選択行動をみて、われわれの性選択行動をよりよく理解できるようになった。記録映画でヒトからかなりはなれた種の性選択行動をみるとき、その種のメスの個体の性選択行動の気持ちがわかるようになった。異種の美が、われわれにも共有できる特性をもっていることがわかった。

そう考えると、ダーウィンの自然選択仮説と性選択仮説がすべての生命体を理解するために共通に使える仮説であると同時に、ある個人の発達を考えるときにも、そのまま使える仮説ともなる。受精卵の発達を考えると、誕生までの大半の時期は意識のない時期で、この過程はすべての生命体の発達と共通であるといえる。体温の調節、ホルモンの調節、食物の摂取など、ホメオスタシスの原理で発達をする。その受精卵は、自己の遺伝的潜在性を最適に表現すべく行動する。胎内は静かで不変な環境ではない。母親の摂取する食物ばかりでなく、母親をとりまく環境や行動の変化を敏感に反映する。それに応じて受精卵は適応行動をする。そのさまは、エピジェネティックスの原理で理解できることをみた。

個人の発達は受精卵にはじまるといって誤りではないけれども、それではその受精卵はどこからきたか、と問うならば、答えは38億年前の原始生命体であるといわざるをえない。その原始生命体はどんな性質をもっていたか。今わかっているのは、その生命体は生命体と物質の区別ができ、仲間の生命体がいるかどうか、その仲間は多いか少ないかを区別できる。さらに資源がなくなったときには、仲間を食料とすることができる。このことを自分の体を守るためにわれわれが毎年するインフルエンザワクチンの例で考えると、この区別能力をわれわれの免疫細胞がもっていて、ワクチンから体内に入ってくる微毒を記憶し、本当の毒菌が入ってきたときに、それを攻撃する。38億年前の生命体と同じ性質をもつものが今を生きるわれわれの体内にあり、われわれを守っている。その38億年前の生命体は自然選択の原理で生きのび、あるとき、多細胞の生命体となり、それから何億年をへて、有性生殖をする生命体をうみ、その後は性選択の過程を通じて、究極的には無脊椎動物から脊椎動物へとつらなる生命の連鎖をつくっていく。38億年前の生命体とわれわれは、無縁どころか同じ原理で行動する。これは不可思議であると同時に納得もできる。原始生命体が飢餓にあったときには、自分と同じ遺伝子をもつ仲間を殺し、そこから栄養素をうばって生き残ったとしか考えられない。恐ろしいことであるけれども、誰一人として、今ほかの種の命をうばわずに生き残ることは不可能である。

この生命の連続性の視点が、われわれと同じ哺乳類の発達を総合的にみることを可能にする。愛情の発達のところでみたように、リーザスモンキーでさえも、仲間から隔離されて育つと悲嘆の行動を示す。もちろん仲間と交流もできないし、性選択もできない。愛情のある環境というのは、少なくとも哺乳類ではもっとも基本的で、不可欠の発達の条件である。

受精卵が成長していくときに、自然選択の原理をそのままみることができる。手の形成のところでみたように、手の形は小さな1㎜四方くらいの手がもともとあって、それは徐々に大きくなるのではない。ボールのようなかたちをした原型があって、あるとき指となる場所にある細胞が生き残り、指と指のあいだにある細胞が死ぬことにより、5本の指が形成される。神経細胞も同じで、細胞の生成と細胞の死をくりかえしながら、神経系を形成する。神経ダーウィニズムということばは、この過程が自然選択であると解釈する視点をあらわしている。受精卵の成長で21世紀になって特に注目されているのが、飢餓の研究である。飢餓は危機的であって、それに応じて生命体は適応をする。生命体にとっての最重要課題は、自分のコピーをつくることである。肝臓すい臓などを犠牲にしても、この課題を遂行するべく適応をする。「小さく産んで大きく育てる」という原理が一見合理的にみえても、栄養失調の域までいくと、大きな適応障害を生む可能性がある。胎児が飢餓またはそれに近い経験をすると、その胎児がのちに生活習慣病になる頻度が上がることを学んだ。

受精卵が成長して、早産でも外界で補助なしに生きていかれる能力ができるのは受精後23週目あたりのこととされる。そのころには外界の刺激を処理し、記憶できることを学んだ。これまで迷信とされてきた胎教は、ある時点からは科学的にも検証できる仮説である。胎児の意識にはたらきかけるのではなく、胎児の胎内環境に良い効果をあたえるとされる。胎児の記憶が成立したあとでは、特に音の刺激が効果的らしい。外界の刺激の記憶が可能であることと、自分は自分であるとの自己意識は連続している。鏡で自己認識のテストを使うと、およそ生後18ヶ月で、われわれの意識と同質の自己意識が成立する。自分が赤ちゃんかどうかの意識や性別意識などもはっきりする子がでてくる。しばらくすると自分の性別についても意識しはじめるようになり、性同一性障害の子どもは困難をかかえる。この自己意識は思春期ともなると反省的になり、他人からみた自分を想像し、そう想像している自分を他人がどう考えるかなど、多層的自己意識へと変化する。深刻な悩みもおこり、自分の性別や性愛意識への内面的検討を可能にする自己意識となる。この多層的自己意識は性選択、配偶者選択の段階にくると大いに活性化される。

性別意識と性愛意識は長いあいだ二者択一方式で、性器の形状が男であれば一生男であり、成熟したときには女を愛する疑う余地のない自明の現象と考えられてきた。種が変わる、化学元素が変わる、地質が変わる、と信じはじめた20世紀の現生人類でも、性別は変わらないと信じてきた。21世紀になると異性愛者、性同一性障害者、同性愛者、無性愛者、流動的性愛者などが自分の内面的な多層の分析をへて、自分の納得する自己意識ないし自我アイデンティティを自分でつくりあげる。性の抑圧がとかれはじめた21世紀といえる。抑圧がとかれはじめると、「私」はどんな男なのか、どんな女なのか、いずれでもないのか、少年少女時代の体をもった自分でありたいのか、時と場所によって自由自在に変化する自分でありたいのか、さまざまな可能性を検討しはじめる。長い人類の歴史ではじめて、性別意識と性愛意識の固定概念がこわれた現在、年齢にかかわりなく、自問自答がはじまった。

これ以外の分野では、愛情のある人間関係の成立と手段目的関係の理解と思考操作の習熟が適応の課題である。ひとことで言うならば、社会の生産的一員となるために必要な能力の獲得である。生産的とは生物学的・社会的・文化的の3側面がある。歴史の章でみたように、パブロフとピアジェとフロイトの貢献した分野である。パブロフは動物の条件反射の発見者で、人間の心理については多くを語ったわけではないにもかかわらず、人間の心理誕生以前にくる行動と動物の行動を説明するうえではその理論が不可欠である。ふつうわれわれは自分が理性的で理性にもとづき行動していると信じているけれども、実際には未来を見通せずに、試行錯誤の連続の生活をしている。パブロフやスキナーの反射の考え方は、この試行錯誤の説明には適している。

フロイトはその試行錯誤の実態を、症例研究ケーススタディで記述した。幼少時にトラウマを経験すると、その経験のためにふつうの生活ができなくなる。ときどきパニックにおそわれ、神経の病気であるかのような症状をあらわす。よくよく話を聞いてみると、幼児経験の思い出が意識にのぼろうとして、ふつうの生活をかく乱する。フロイトの療法も試行錯誤で、患者の言うことが事実か想像かを検証するすべがないので、彼も右往左往する。試行錯誤の連続のなかにもある種の法則があり、その法則は神話や民話にでてくるお話にあらわれていることを学んだ。「白雪姫」はもともと中世から伝わる民話で、グリムに編纂されたのはフロイトの誕生の少し前である。子どもの性の発達理論がそこにはあって、性が抑圧される期間が7年間であるという物語が意味深長である。フロイトが患者のお話をもとにつくった性の発達理論もまた、7年間の潜在期を提案している。人類が暗黙のうちに理解していた性の発達理論が、20世紀になってはじめて心理学の理論となったともいえる。

愛情の発達は乳児期・幼児期・学童期・思春期と、長時間かけて進行する。自分を他人の視点で観察する能力を獲得するころに、愛の対象を発見する。愛の対象を理想化し、それが自分の性衝動と結びつくとき、衝動がより高尚なものにむけられる。相手を実際に美しいよりも美しいと感じ、相手の性格・能力・思想を実際よりも過大評価する。あこがれという感情を経験する。それはかけがえのない相手のイメージをつくり、その視点からみた自分のかけがえのなさを体験する。個人の尊厳が実感をもって理解される。その相手とともに過ごす時間が至福のときと感じられる。こうした高揚した感情が、配偶者選択のときに支配的となる。イデオロギーに魅力を感じるのもこのころで、自分自身の位置を政治思想、宗教思想、職業思想などの可能性のなかで確認しようとする。

この愛情の理論はのちにエリクソンにより発展させられ、本書の生涯発達の記述で頻繁に利用した。おとなの発達と老年学をふくむのが発展の核心で、これをこえる総合的理論は今のところ見当たらない。エリクソン自身が、自分の貢献は性エネルギーの将来への投資を理論化したことだと言っている。性エネルギーの投資とは子育てであり、自分の属する文化の伝承であり、他者を助け、社会の未来への投資に協力することである。そうした投資に成功するならば、次の次の世代の子どもたち、つまり孫たちの信頼をはぐくむことができる。自分の死も容易に受け入れられるようになる。性衝動と自分の死の受容が密接に結びついているといわれても、ピンとこないと反論されるではあろうが、この受容は自分がどれだけ自問自答するかにかかっている。どこの神話でも、命をはぐくむ母なる神がそのまま死の神になる事実がある。神話につうずるこの壮大な理論は、親しいひとを失ったときの悲嘆の作業を理解するうえで、不可欠であることも学んだ。

ピアジェの『知能の誕生』はフロイトの「性の発達理論」に匹敵する仕事で、赤ちゃんが試行錯誤を重ね自分の意志にしたがっておもちゃで遊ぶことができるようになる過程を記述した。知能の起源は循環的行為、つまり習慣にあることを示した。誰でも気がつく赤ちゃんの同じことのくりかえしに注目し、そこに「種の起源」に対応する「知能の起源」をみた。「見る」「聞く」「触れる」「握る」「動かす」などがもともとある行為で、互いに結びつきのない状態から結びつき、階層的な構造をなしていくことが知能の起源であることをみた。目的を達成しようとする意図が生まれると、その意図の遂行のために、目的にあった手段の階層をつくって、目的を達成する。目的を達成する行為の連鎖は内面化し、象徴の形成となる。本当の象徴ができる前に一時的に「口を開ける」という行為が、マッチ箱を開けるという行為の疑似象徴となることもみた。

行為が階層をなす、象徴が階層をなす、知的操作が階層をなすことで、われわれの知能が発達する。知識が構成されることをみた。この知識の構成は試行錯誤の結果おこる。問題解決をめざすなか自分の能力の再構成がおこる。思春期になると抽象的命題を材料にして知的操作の階層構造を構成していく。ピアジェはこうして、科学者の発明発見の経路をも説明できるような知的発達の仮説を提案した。新たなアイデアの組み合わせ、その階層的構造の創造が天才の仕事である。ここまで抽象すると、芸術家の仕事も同じでこの新たなアイデアの組み合わせで説明がつく。

おとなの発達は今まで青年期の延長という考えが優勢であったときに、そうではなくおとなには固有の発達があり、とりわけ職業生活と配偶者選択ではその固有の発達があることをみた。異なる時代に生まれた成人の知能テストの結果をくらべて、あとに生まれた成人の点数がまえに生まれた成人の点数よりも高くなる現象をみた。ひとりの成人の点数をくらべると、語彙や計算では年がいくほど高くなることがわかった。職業人としてのおとなは職場で成長するのである。家庭人としてのおとなもその日常的作業をこなすなかで、自分をあらたに作っていく。

職業生活は高校大学を卒業してからはじまるのではなく、幼少時からの準備期間があることをみた。

性別・性格・能力、すべてが職業選択にかかわってくる。実際の選択のはるか以前から、将来の職業選択がはじまる。体操選手やバレリーナや音楽家の例をみると、幼少時にすでに選択がおこっていることがわかる。目立つ才能がないふつうのひとびとでは、高校大学のころに職業選択をせまられる。自分の特性がわからない、まわりのひともわからないときには、職業特性検査というのがあって、ある職業で成功したひとの性格や能力に自分がどれだけ近いかを教えてくれる。高校の成績だけで大学の専攻を決めたひとは、50年を経過してから後悔することが多い。テストの点数による大学選択ではなく、自分の本当の興味にもとづく分野の選択ができるのが好ましい。ある知的階級に属する家族の中で、自分の子どもの学業成績がすぐれないことをその子の祖母に嘆いたところ、「あら、可能性がひろがっていいじゃないの」とはげまされたという報告がある。日本の現状をみると、このアドバイスは子どもの人格の尊厳の表現でもあり、同時に知恵の極致でもある。多くの家庭で、子どもたちの遺伝的潜在性を偏見なしにのばす方向が模索されてよい。それはとりもなおさず、自分の父母から与えられた潜在性の最適化でもある。

この潜在性の最適化とは、自分の可能性の実現である。どのようなときに自分の可能性が実現できるのか。自分にあたえられた遺伝的潜在性にどうやって気づくのか。自分ではわからないことが多い。時間の経過をわすれてある作業に熱中することがある。そのときには自分をわすれている。それは社会の制約をはなれて、自己実現をしている状態であろう。「わかったー」という啓示に似た体験をすることもある。幾何学の授業で点の定義からはじまって、直線、平面、三角形、その内角の和が１８０度となる証明の過程に衝撃をうける人もいる。化学の周期律表の授業や物理の原子の構造の授業で、世界がわかったと感じることのできた高校生は幸運である。自分の可能性を実現する機会は多々あるにもかかわらず、教師が歴史上あったであろう感動的一瞬を再現しないこともある。自分の可能性の実現は、学校のなかでだけおこるのではない。自分ではわからない可能性に他人が気づくことがある。他人にすすめられて、いやいやオーディションに参加して合格してはじめて、自分の可能性に気づくこともある。さまざまな経験をしてみるのが、自分の可能性の発見に役に立つ。

配偶者選択は好きなひとをさがす過程であるばかりでなく、自分の可能性を広げる過程でもある。相手を実際以上に評価すると同時に、自分もそれに応じて実際以上に評価するために、自分が背伸びをする。背伸びをすることによって、可能性がひろがる。配偶者選択と友人選択には似た過程がある。良き友人にめぐりあうことで成長するひとは多い。誰を好きになるか、原則としては、自分に似たひとである。大半のひとは自分が好きであるからだ。人生最初の「愛人」は、多くの場合異性の親である。成人してからはあまり意識にのぼらないけれども、4歳5歳の子どもからみると自明に近い。愛情の発達学のところでみたように、子どもはあけすけにしゃべる。そのことはその後抑圧されて、潜在的となる。潜在的になったとしても、その影響を受けて配偶者選択をする可能性はある。しかし実証的研究では、そうした結果はでない。臨床の場面では、アルコール依存症の父親に暴力をふるわれて育った経験をもつ女性が、同じような配偶者を選択するケースが報告されている。愛情の発達の複雑さというか、不可思議性を示す現象である。

配偶者選択の分野は、進化心理学の理論が活躍する場でもある。デイヴィッド・バスの進化心理学の教科書は、大部分配偶者選択にささげられている。ダーウィンの性選択理論が復活し、サカナやトリの配偶者選択も大いに論じられている。太古の昔子どもを育てる家庭を想像すると、性の分業仮説が説得的である。子どもの命をどうやって守るか、母親が乳をやりながら敵と戦うのはあまりにも危険である。戦いで自分が死んだら、子どもも必然的に死ぬ。であるから敵と戦い獲物をとるのが父親の役割、子を育てるのが母の役割という分業が成立したのは、こうした事情によるとされている。この仮説が「とんでも仮説」ではないのは、ふつうの家庭で今おこなわれている性分業をみると納得できる。また社会の分業も、建設現場と幼稚園を比較するとだれも疑問を呈しない性分業がある。これらの分業はあたりまえのこととして、ふだん意識にのぼらない現象である。この種の現象があるのだと意識化すると、配偶者選択の仮説が検討にあたいするものとなる。仮説として、女性は戦いに強い肉体強靭で獲物もとれる男性を選択する。現代風に言いかえると、社会的地位が高く高収入の男性を選択する。男性のほうは若く美しい女性を選択する。両特性は健康と相関が高い。この分野の研究ははじまったばかりで、いまだ常識的な仮説にとどまっている。

この性選択は、これまでの発達の経路の選択と連続性がある。発達の経路の選択とは、自分のもつ遺伝的潜在性を最適にする選択であった。性選択とは次代を考慮にいれた最適化である。つまり自分自身の子どもが健康で美しく成長したあとには社会的地位を得て、というふうに考えるならば、このことを考慮した性選択となる。職業選択をするときにも家庭をもつことができる職業、つまり収入の高い職業を選択するとすれば、同じ原則で職業選択と性選択をしていることになる。この性選択の過程で新たな「私」をつくっていくのだが、その過程ででてくるエネルギーが破壊にも建設にもつかわれる。戦争、自殺や他殺、器物破損などがある一方で、個人の尊厳、幸福の追求、さらには世界平和の追求といった重要な感情がやしなわれる。性選択を自分の向上のための機会ととらえるためには、古典の理解、自己洞察というか反省というか、対話を通じたより良き「私」の理解が必要であることをみた。

老年期になると、誰でも心身の衰えを感じはじめる。そういうことには見向きもせず、サクセスフルエイジングを強調する研究者が多い。非常識でもめずらしいことでもなく、キケローの時代から2000年以上も生涯現役仮説を唱える学者は多かった。これにたいしエリクソンは、老年期の回顧、死と向き合う準備、次世代への信頼など、心身の衰えにともなう心理の変化を分析した。

エリクソンの極端ともいえる最後の段階は、「信頼するひとにすべてをまかせる」段階である。老年期の最後の8段階目にくわえて、9段階目の提案であった。「極端」と言ったけれども、それはエリクソンの属する社会では、という意味で、ほかの社会ではふつうのことでもある。心身の衰えの結果が無能であるとすると、エリクソンの提案が合理的となる。これは人生最後の選択となる。

性役割の研究で有名なサンドラ・ベムは、自分がアルツハイマー病と診断されたときに、配偶者とともにいくつもの医療機関に出むき、その対処をした。あるときサンドラ・ベムは、自分が自分であるとわからなくなった時点では生きていたくないと配偶者に告げた。2人は相談してある時期を設定し、家族と親しい友人をあつめてお別れをすることを決定した。その日は2014年の5月20日であった。その状況はドキュメンタリー記事として彼女の一周忌のころ、ニューヨークタイムズに載った。これは衰えが最後までいく前に自己決定をする例で、すべてのひとにできることではない。

死にゆく過程はさまざまで、キューブラー＝ロスの記録にあるように、それぞれ個性的である。キューブラー＝ロスの生きていた時代には、サンドラ・ベムのような死に方は報道されるのがまれであった。さまざまな死を臨床的に経験すれば自分の死が自分の思うようにいくかというと、そうではない。個性の発現があるからで、人生のすべての時点でそれぞれが個性的選択をするように、死ぬときにも個性的選択をする。いくつかの国とアメリカではいくつかの州で、医者による安楽死が合法化されたときに、もっとも一般的な危惧は社会的弱者の犠牲があるのではないかということであった。実際の調査によると、サンドラ・ベムのような社会的強者の選択が大多数であるという。エリクソンの第9段階との関係では、その提案に反する自己決定の選択となる。

これで38億年前の原始生命体の誕生を起源とする、われわれの生命の生涯発達の記述を終える。その原則はエピジェネティックスであった。遺伝的潜在性の表現がそのときそのときの環境によるという一般的原則にもとづく記述であった。おそらく発達の過程で環境の変化に応じて、われわれは無数の選択を同時におこなっているのであろう。発達の経路の選択がエピジェネティックスの核心にある。とはいえ、エピジェネティックスの全容は知られていない。一般的原則は明らかになっている。より詳しくその全容が知られるようになれば、本書の記述も変わってくる。今の時点では、歴史のなかで提案された仮説のうちこの一般的原則にそうものを選択し、発達の全体像をまとめようと努力した。線虫を材料にしたエピジェネティックスの全容は明らかになりつつある。線虫はすべての遺伝子が解読され、さらに細胞の発達が透明にわかる生命体であるから、環境を変えたときの発達の経路の変更でさえもわかるようになった。ヒトの場合には比較にならないほどの困難がひかえている。すでにみたように、身長を規定する遺伝子が200ほどあることをつきとめた研究者が知能の研究に進み、それを規定する遺伝子も200ほどあることをつきとめた。ところが遺伝子による身長の予測も、知能の予測も非常に弱いことを報告している。

エピジェネティックスの原則による発達の理解は緒についたばかりである。この理解を自分にあてはめるならば、「私」の間断なき創造ということになる。この種の知見から新たな生涯発達学が提案されることを願って、まとめを終える。

あとがき

本書執筆の直接のきっかけは、東大出版会の『発達科学入門』の執筆と編集にたずさわったことにある。ある特別の研究領域ではたしかに最新の研究が紹介されてはいるけれども、その研究の領域が限られていて、紹介のされかたが紋きり型というか、無味乾燥の傾向があった。それはほかの教科書にも共通の特徴でもある。ちょうどそのころ、波多野完治の全集を読んでいた。そのなかでしばしば東大アカデミズムという表現をつかい、研究の領域が限られているとの批判を目にしていた。彼の研究は限られているどころか、世界の思想家の大半と永井龍男・芥川龍之介・小林秀雄ほか多くの日本の作家に言及があった。波多野は戦前の活躍にくわえて戦後50余年ほど活躍した心理学者であるから、この批判はほぼ日本の心理学成立以来の現況にあてはまるといえる。同じころ鈴木忠の『生涯発達のダイナミクス』にであい、共感した。その核心である発達の可塑性の理論で、生涯発達を論ずる可能性を模索した。執筆中には寺田寅彦のエッセーにであい、科学者は現象のなぞときをするのだから、それをありのままに伝えなければならないという主張があり、その意図をくもうと考えた。

波多野はピアジェの仕事にはやくから注目し、フランス語での発表とほぼ同時に紹介をはじめている。つまりアメリカの学界の注目がはじまる30年以上も前に、その重要性に気づき、著作で紹介している。

全集の『ピアジェ——人と思想』ではピアジェの仕事を簡潔に高校生にもわかりやすく説明している。また全集のなかで意味深長な表現をつかって、ある心理学者の仕事の重要性を強調している箇所があり、それはフロイトである。本書のテーマのひとつに愛の発達と悲嘆の作業を論じたところがあるのと並行して、全集の『現代のレトリック』では、コミュニケーションの形態には言語的なレトリックと肉体的なセックスがあり、フロイトによってすべての行為がエロスを出発点とすることがわかる、両者の関係についてのソクラテス以来のなぞがとけるとまで高い評価をしている。両者をむすびつけるのは「七転び八起き」の実践で、両者とも実現が困難であると書いている。

『発達科学入門』の出版からさかのぼることほぼ40年、私は1972年にアメリカのイリノイ大学に留学し、心理学の途方もない広がりに目をうばわれた。「はじめに」にあるように、発達心理学の授業でまず、進化学の勉強をしなさいとハント先生にいわれた。当時進化学に興味をもっていたものの、その直接の関係については理解不十分であった。博士論文の研究、就職後の発達心理学講義などにおわれ、この関係について時間をかけて理解するまでに、退職まで待たねばならなかった。ハント先生自身も進化学の重要性には気づいていたものの、具体的に彼の研究の基礎に進化学が置かれていたわけではなかった。人生最初の赴任地オクラホマ大学での心理学講義は、受精からの生理学の知識を一夜漬けの自学自習で吸収しなければならなかった。またピアジェとフロイトは理論編でくわしく説明するものの、最新の研究ではその仮説は支持されていないと、毎年講義することが続き、最新の研究の内容が変わっても、結論が変わることはなかった。それは退官まで続いた。退官の前、20世紀の最後のころから、進化心理学の教科書が出版されるようになり、心理学と進化学との密接な関係が注目されはじめた。

進化心理学が一般的知識となるにしたがって、事後認識が深まり、そういえばピアジェの仕事はダーウィンの「種の起源」をそのまま「知の起源」にあてはめたものではないか、という議論がはじまった。事情はフロイトの場合も同じで、そういえばフロイトの仕事はドーキンスの「利己的遺伝子」の仮説を人間の発達、とくに幸福の追求にあてはめたものではないか、という議論がはじまった。だれも注目しなかった一節「われわれの体は遺伝子の乗り物である」が、進化心理学の提唱後に注目されるようになる。遺伝子のおもむくままというのは性衝動の活動に任せるということで、それを制御し幸福を達成するためには、文化に貢献する活動をたかめればいいというフロイトの提案が、進化学の発展にともない、より深い意味を獲得するようになる。この提案は1909年、マサチューセッツ州のクラーク大学での講演で語られている。それから100年以上たった今、世界各国で指導者層の男性、しかもそれぞれの分野で文化的活動をたかめた男性たちが、その性行動の不適切さのために公の場から姿を消している。であるから、単に文化に貢献する活動をたかめれば、性衝動のコントロールができるわけではない。伴侶との適切な関係をきずくという、個人的な作業が重要である。この点はルソーの『エミール』に見事に描かれている。38億年にわたるとされる生命の歴史を考えながら、発達学とは生命の潜在性にしたがって文化的社会的個人的な自己意識の構成をする作業であることを本書で強調した。波多野がもし最近の進化学を知っていたとしたら、大学に行く前の若い読者に発達学をどう描いたかと想像しながら著作にはげんだ。鈴木の『生涯発達のダイナミクス』の私なりの再構成、高校生にもわかる再構成といってもよい。波多野の生涯の仕事と鈴木の仕事には親和性がある。以上が本書執筆の歴史的背景である。

自分自身の発達を考えると、当然のことながら父母と妹、家族、いとこ、級友、教師、同僚、古典や心理学の文献の読書などが遠因、中間因、近因としてある。父親は第二次世界大戦で台湾の自分の事業を失い、失意の半生であったのに対して、母親は華道・家元教授として誇り高き人生を歩んだ。妻も現役教授として誇り高き人生をいまも歩んでいる。この対比の観察は、自分自身の性役割の形成にも貢献している。両親は私に学問的投資をしたのであろうと、想像している。父親は知的関心がつよく、私の幼い時からしばしば議論をいどんできた。のちの大学院進学やアメリカ留学をよろこんでくれた。これは学問的投資の一面であろう。こうした私への投資は、妹の側から見るとないがしろにされたという感情に発展したかもしれない。しかし親の側からみると、娘へは名門小学校、キリスト教系の中高一貫校での教育、有名私学、ヴァイオリン・ピアノ・衣装への高額投資などがあった。すべて公立の学校へ行った私への低額投資は、本書の出版でもう一つの結果を生んだといえる。母親は常に進歩的で、老齢で認知症をわずらっていても人格の核心を保ち、叱咤激励の毎日であった。ある日新聞の山岳遭難記事を見せて、「こんなバカなことはしないほうがいいよね」というと、「危険なことをしなければ進歩はないのよ、あんたは先がないと思っているから、そんなことを言うんでしょう」と反論してきた。明晰な思考には感心した。本書で強調した自己意識をつくりあげる作業は「七転び八起き」の作業であるから、当然危険をおかすことを前提としている。「石橋を叩いて渡る」の態度では、両親から受け継いだ潜在性を十分に発揮できないおそれがある。私の期待する若い読者諸氏のそれぞれの発達でいうならば、「七転び八起き」を実際にやってみることであり、それだけの勇気がないときは、思考実験でこうしたらああなるであろう、と何度もくりかえし自問自答をしながら、自分をきずいていく作業が発達の内容であるといえる.

小学校時代の岩本先生は知的には有益な授業をしてくれた反面、恐怖政治のクラスでもあった。楽しい思い出はない。400年ほど前にコメニウスは学びの舎《や》は楽しくなければならないと言ったけれども、楽しい思い出が多く、なかまの同級生と学びと遊びを共有したことが楽しい思い出である。中学のほうが楽しい思い出が多く、高校へ行くともっと楽しいことに遭遇した。よくよく考えてみると、楽しいことより恐ろしいできごとや悲しいできごとのほうが、心の糧になることがある。心の糧というのは個人的な範囲をこえて、発達を深く考えるうえでの材料という意味である。学級での恐怖が記憶として残っていると、コメニウスやロックやルソーの教育論を読むとき、かれらの著作がいっそう印象に残るものとなる。また絶交されたという経験も心の糧となる。絶交は親交を前提にしているので、当然その前に、私の側からの献身的な援助または心のつながりがあったわけで、絶交が起こると、不可解であるから、絶交へ発展する経路の仮説の検討を何度もする。どの仮説も棄却されず、艱難の連続体験となる。父母の喧嘩も同じで、どうして喧嘩をするのか、本当にはわからずに喧嘩の事実だけが記憶として残る。父母の死と親友の死とこの半世紀間のおよそ10指に余る絶交の経験は、悲嘆の作業の執筆に役立った。心の糧を提供してくれたひとびとを反面教師として、より良き自己の発展にはげむという発達の経路がある。

過去数年間、不完全な原稿を高橋惠子、帯刀益夫、古川安、鈴木忠、小林敏明、君塚桂子、岡本恭子の各氏に読んでもらい、有益なアドバイスをいただいた。特に高橋惠子からは「全体像がわからない」となんどもいわれ、原稿の章建て構成に役立った。故人となった波多野宜余夫、東洋、藤永保、足立自朗には、主として大学院時代に有形無形の影響を受けている。特に足立自朗からのカヨ子夫人をとおしての図書遺産は執筆に役立った。吉田章宏と妻の弘子は、アメリカ留学の直接のきっかけをつくってくれた。イリノイ大学は東洋と吉田章宏の出身校である。オルガ・ヨコヤマは高校時代以降およそ60年にわたり良き討論の相手である。イリノイ大学では故マックヴィッカー・ハント、ビル・ブルーアーらの記憶に残る献身的指導があった。ミシガン大学では分校の若き同僚霊長類学者フランシーン・ドリンズとしばしば討論をした。ボストン近郊ではヴァル・バイコスキーからロシアの科学者の文献を紹介された。おなじくボストン近郊では、ヨーコ・カイザー所有の豊富な古典を利用させてもらった。

新曜社の塩浦暲氏と田中由美子氏には編集を担当していただき、よみやすい文体となったことに感謝している。田中由美子氏には貴重な助言にくわえて学術上の重大な誤りもいくつか指摘していただいた。記して感謝したい。

研究の記述には正確を期したつもりではあるが、もし誤りや不正確な記述があれば巻末のメールアドレスへ報告していただければ幸いである。それ以外のコメントにもできる限り対応するつもりである。本書のはしがきにあるように特に若い人々からのコメントを期待している。

参考文献

以下は、入手しやすく高校生にもわかるであろうと思われる文献である。研究者用の「発達学を学ぶための文献リスト」は、新曜社のウェブサイトに掲載している（https://www.shin-yo-sha.co.jp/akiyama_References.pdf）。参考文献は一見してわかるように古典をふくみ、子どもの思考がわかる文献がおおい。特に西平直は、子どもの思考を深くえがいている。科学者の研究態度については寺田寅彦のものがすぐれている。この文献が最も手に入りやすい。発達学の歴史の概観では、古川安の記述を参考にした。悲劇をのりこえる偉人の成長の記録としては、小林敏明による西田幾多郎と夏目漱石の分析がすぐれている。姜尚中の著作もおなじく成長の記録で、自己分析である。本書の発達学の理解に役立つ3人の個人の具体例ともいえる。

小此木啓吾『現代人の心理構造』ＮＨＫブックス　１９８６年
帯刀益夫『遺伝子と文化選択』新曜社　２０１４年
神谷美恵子『生きがいについて』みすず書房　１９６６年
河合隼雄『ユング心理学入門』培風館　１９６７年
姜尚中『悩む力』集英社新書　２００８年
小林敏明『夏目漱石と西田幾多郎――共鳴する明治の精神』岩波新書　２０１７年
杉本正信『生物学の基礎はことわざにあり』岩波ジュニア新書　２０１８年

鈴木忠『生涯発達のダイナミクス』東京大学出版会　２００８年
高橋惠子ほか『生涯発達の心理学』岩波新書　１９９０年
寺田寅彦『化け物の進化』青空文庫　２００３年
西平直『エリクソンの人間学』東京大学出版会　１９９３年
西平直『誕生のインファンティア』みすず書房　２０１５年
長谷川眞理子『進化とはなんだろうか』岩波ジュニア新書　１９９９年
波多野完治『現代のレトリック』小学館　１９９１年
波多野完治『ピアジェ――人と思想』小学館　１９９０年
開一夫『赤ちゃんの不思議』岩波新書　２０１１年
平田寛編著『定理・法則をのこした人びと』岩波ジュニア新書　１９８１年
藤永保ほか『人間発達と初期環境』有斐閣　１９９７年
古川安『科学の社会史』増訂版　南窓社　２０００年

バージニア・リー・バートン文・絵『せいめいのれきし』改訂版　岩波書店　２０１５年
コメニュウス『大教授学』明治図書出版　１９６２年
ダーウィン『種の起源』光文社古典新訳文庫　２００９年
アルバート・アインシュタインほか『ひとはなぜ戦争をするのか』講談社学術文庫　２０１６年
L・J・フリードマン『エリクソンの人生』（上・下）新曜社　２００３年

エリザベス・キューブラー・ロス『死ぬ瞬間――死とその過程について』中公文庫　2001年
プラトン『饗宴』岩波文庫　2008年
ルソー『エミール』(上・中・下)岩波文庫　1962年
エスター・テーレンほか『発達へのダイナミックシステム・アプローチ』新曜社　2018年(高校生にはむずかしいか?)

索　引

【さ行】

【や行】

【ら行】

【わ行】

著者紹介

秋山道彦（あきやま　みちひこ）

1943年鎌倉生まれ。鎌倉市立御成小・中学校卒業。1961年神奈川県立湘南高校卒業。東京大学教育学部教育心理学科卒業。同大学院博士課程単位取得満期修了。1972年イリノイ大学に留学、1977年イリノイ大学心理学部卒業。哲学博士（Ph.D）。イリノイ大学講師、オクラホマ大学助教授、ミシガン大学客員準教授、ミシガン大学ディアボン校教授をへて、2008年退官。現在はミシガン大学ディアボン校心理学名誉教授。

著作：「発達の規定因」『発達科学入門』東京大学出版会, 2012年

「男女差の発達心理学の構築をめざして」『児童心理学の進歩2013年版』金子書房, 2013年

訳書：エス・エリ・ルビンシュテイン『一般心理学の基礎』（1-4）天野清・足立自朗・松野豊・吉田章宏ほかとの共訳。明治図書出版, 1982－1986年

メールアドレス　makiyama48@i.softbank.jp

新曜社

生命の発達学

自己理解と人生選択のために

初版第1刷発行　2019年3月1日

著　者　秋山道彦

発行者　塩浦　暲

発行所　株式会社　新曜社

101-0051　東京都千代田区神田神保町3－9

電話 (03)3264-4973（代）・FAX (03)3239-2958

e-mail : info@shin-yo-sha.co.jp

URL : https://www.shin-yo-sha.co.jp

組版所　Katzen House

印　刷　新日本印刷

製　本　積信堂

© Michihiko Akiyama, 2019 Printed in Japan

ISBN978-4-7885-1602-1 C1011